PROPRIÉTÉ

LITTÉRAIRE ET ARTISTIQUE.

OUVRAGE DU MÊME ÉDITEUR :

Manuel des droits de Propriété littéraire et artistique en France et a l'étranger, contenant : 1° la législation française; 2° l'état de la jurisprudence française et l'opinion des jurisconsultes sur les principales questions de propriété littéraire et artistique ; 3° la législation des divers États de l'Europe et des principaux États de l'Amérique ; 4° le texte des Conventions intervenues entre la France et plusieurs États de l'Europe ; 1 fort vol. in-12.

LÉGISLATION

FRANÇAISE ET BELGE

DE LA PROPRIÉTÉ

LITTÉRAIRE ET ARTISTIQUE

SUIVIE DE LA CONVENTION CONCLUE ENTRE LA FRANCE ET LA BELGIQUE ET ACCOMPAGNÉE DE NOTES EXPLICATIVES,

PAR J. DELALAIN

Imprimeur de l'Université, Vice-président de la Société pour la défense de la propriété littéraire et artistique, Chevalier de la Légion d'Honneur.

PARIS.

IMPRIMERIE DE JULES DELALAIN

RUES DE SORBONNE ET DES MATHURINS.

1854.

LÉGISLATION

DE LA PROPRIÉTÉ

LITTÉRAIRE ET ARTISTIQUE.

La propriété littéraire et artistique comprend : 1° le droit de reproduction des œuvres littéraires, des compositions musicales et des objets d'art ; 2° le droit de représentation ou d'exécution des œuvres dramatiques et des compositions musicales.

Ces droits sont réglés en France par les lois des 13 janvier 1791, 19 juillet 1791, 19 juillet 1793, 1er septembre 1793, 25 prairial an III, 21 octobre 1814, 3 août 1844 et 8 avril 1854 ; les décrets des 1er et 7 germinal an XIII, 8 juin 1806, 20 février 1809, 5 février 1810, 15 octobre 1812, 17 février 1852, 28 mars 1852 et 19 avril 1854 ; les ordonnances des 24 octobre 1814 et 9 janvier 1828, et par plusieurs dispositions des Codes français.

Les auteurs d'écrits en tout genre et de compositions musicales jouissent, pendant leur vie, du droit exclusif de vendre, faire vendre, distribuer leurs ouvrages et d'en céder la propriété en tout ou en partie (Loi du 19 juillet 1793).

La veuve qui est mariée sous le régime de la communauté, ou à qui ses conventions matrimoniales en donnent explicitement le droit, jouit du même privilége pendant sa vie (Loi du 8 avril 1854, décret du 5 février 1810 ; arrêt de la cour impériale de Paris, 8 avril 1854).

Après la mort de l'auteur et l'extinction des droits de la veuve, les enfants jouissent du même privilége pendant trente ans (Loi du 8 avril 1854).

Si l'auteur n'a pas laissé d'enfants, les autres héritiers ne jouissent de ce privilége que pendant dix ans (Loi du 19 juillet 1793).

Ce terme de trente ans ou de dix ans commence, soit à la mort de la veuve, si elle a eu droit à la jouissance viagère, soit à la mort de l'auteur, si elle n'y a pas eu droit (Loi du 8 avril 1854).

Les propriétaires par succession, ou à d'autre titre, d'un ouvrage posthume ont les mêmes droits que l'auteur, et les dispositions des lois sur la propriété exclusive des auteurs et sur sa durée leur sont applicables, à la charge toutefois d'imprimer séparément ces œuvres posthumes (Loi du 1er germinal an XIII).

Pour être admis en justice à poursuivre les contrefaçons, les auteurs doivent faire effectuer le dépôt de leurs ouvrages au ministère de l'intérieur à Paris, ou au chef-lieu de préfecture dans les départements (Loi du 19 juillet 1793, décret du 28 mars 1852).

Les auteurs ont le droit de jouir et de disposer de leur propriété de la manière la plus absolue. Des traductions littérales en une autre langue que celle de l'édition originale ne peuvent être faites sans leur autorisation ou celle de leurs ayants cause (Code Napoléon, art. 544; arrêt de la cour de cassation, 12 janvier 1853).

Les auteurs sont libres de céder leurs droits à des tiers en tout ou en partie, pour tout le temps que la loi garantit à la propriété littéraire; la durée du droit de propriété n'en continue pas moins de reposer sur la tête de l'auteur, de sa veuve et de ses enfants ou héritiers (Lois des 19 juillet 1793 et 8 avril 1854).

Les auteurs étrangers jouissent en France, pour leurs œuvres publiées à l'étranger, des mêmes priviléges que les auteurs nationaux (Décret du 28 mars 1852, code pénal, art. 425).

Les auteurs français ne jouissent du droit de propriété

littéraire que dans les pays étrangers dont la législation admet le principe de la réciprocité ou qui ont signé des Conventions avec la France.

Tels sont, d'après la législation et la jurisprudence françaises, les droits de propriété littéraire des auteurs et de leurs ayants cause, et les différentes phases de durée de cette propriété, suivant la position respective de l'auteur, de sa veuve et de ses enfants ou héritiers.

Les auteurs d'œuvres dramatiques et de compositions musicales, et leurs veuves, enfants ou héritiers, jouissent des mêmes droits pour la représentation ou l'exécution de leurs œuvres (Lois des 13 janvier 1791, 19 juillet 1793, 1er septembre 1793, 3 août 1844 et 8 avril 1854, décrets des 8 juin 1806 et 5 février 1810).

Les auteurs étrangers jouissent en France, pour la représentation ou l'exécution de leurs œuvres, des mêmes priviléges que les auteurs nationaux (Décret du 28 mars 1852, code pénal, art. 428).

Les auteurs français ne jouissent du droit exclusif d'autoriser la représentation ou l'exécution de leurs œuvres que dans les pays étrangers dont la législation admet le principe de la réciprocité ou qui ont signé des Conventions avec la France.

Ces diverses dispositions sont également applicables aux œuvres artistiques, aux planches gravées, aux lithographies, aux photographies, aux dessins et peintures à la main, aux sculptures, aux productions du génie qui appartiennent aux beaux-arts (Lois des 19 juillet 1793, 1er germinal an III et 8 avril 1854, décret du 5 février 1810).

Les artistes étrangers jouissent en France, pour leurs œuvres, des mêmes priviléges que les artistes nationaux (Décret du 28 mars 1852, code pénal, art. 425).

Les artistes français ne jouissent du droit de propriété artistique que dans les pays étrangers dont la législation admet le principe de la réciprocité ou qui ont signé des Conventions avec la France.

TABLE CHRONOLOGIQUE.

LÉGISLATION FRANÇAISE.

Loi du 13 janvier 1791, relative à la propriété des œuvres dramatiques (Extrait).

Art. 3. Les ouvrages des auteurs vivants ne pourront être représentés sur aucun théâtre public, dans toute l'étendue de la France, sans le consentement formel et par écrit des auteurs[1], sous peine de confiscation du produit total des représentations au profit des auteurs.

Art. 4. La disposition de l'article 3 s'applique aux ouvrages déjà représentés, quels que soient les anciens règlements ; néanmoins les actes qui auraient été passés entre des comédiens et des auteurs vivants, ou des auteurs morts depuis moins de cinq ans, seront exécutés.

Art. 5. Les héritiers ou les cessionnaires des auteurs seront propriétaires de leurs ouvrages durant l'espace de cinq années après la mort de l'auteur[2].

Loi du 19 juillet 1791, relative à la propriété des œuvres dramatiques (Extrait).

Art. 1er. Conformément aux dispositions des articles 3 et 4 du décret du 13 janvier dernier, concernant les spectacles, les ouvrages des auteurs vivants, même ceux qui étaient représentés avant cette époque, soit qu'ils fussent ou non gravés ou imprimés, ne pourront

1. L'exécution même partielle d'une œuvre dramatique, littéraire ou musicale, ne peut être faite en public et dans un but de spéculation sans le consentement des auteurs ou de leurs ayants cause (arrêts de la cour impériale de Paris, 6 janvier et 11 avril 1853).

2. La durée de ce droit a été modifiée par les lois des 19 juillet 1793 (p. 6), 1er septembre 1793 (p. 8) et 8 avril 1854 (p. 22).

être représentés sur aucun théâtre public, dans toute l'étendue du royaume, sans le consentement formel et par écrit des auteurs, ou sans celui de leurs héritiers ou cessionnaires pour les ouvrages des auteurs morts depuis moins de cinq ans, sous peine de confiscation du produit total des représentations au profit de l'auteur ou de ses héritiers ou cessionnaires.

Art. 2. La convention entre les auteurs et les entrepreneurs des spectacles sera parfaitement libre, et les officiers municipaux, ni aucuns autres fonctionnaires publics, ne pourront taxer lesdits ouvrages ni modérer ou augmenter le prix convenu; et la rétribution des auteurs, convenue entre eux ou leurs ayants cause et les entrepreneurs de spectacles, ne pourra être ni saisie ni arrêtée par les créanciers des entrepreneurs de spectacles.

Loi du 19 juillet 1793, relative à la propriété littéraire et artistique.

La Convention nationale,

Après avoir entendu son comité d'instruction publique,

Décrète ce qui suit :

Art. 1er. Les auteurs d'écrits en tout genre[1], les compositeurs de musique, les peintres et dessinateurs qui feront graver des tableaux ou dessins, jouiront durant

1. La législation française ne contient aucune disposition spéciale concernant la traduction dans une autre langue d'œuvres originales protégées par les lois sur la propriété littéraire. Ce silence du législateur ne peut être considéré comme un amoindrissement du droit absolu que la loi donne à l'auteur sur ses œuvres, sans distinction des idiomes dans lesquels elles sont écrites. On trouve dans la jurisprudence plusieurs décisions en ce sens; d'après un arrêt de la cour de cassation (12 janvier 1853) et deux arrêts de la cour de Paris (17 juillet 1847 et 26 janvier 1852), une traduction littérale en une autre langue que celle de l'édition originale ne peut être faite sans le consentement des auteurs ou de leurs ayants cause.

leur vie entière du droit exclusif de vendre, faire vendre, distribuer leurs ouvrages dans le territoire de la république et d'en céder la propriété en tout ou en partie.

Art. 2. Leurs héritiers ou cessionnaires jouiront du même droit durant l'espace de dix ans après la mort des auteurs[1].

Art. 3. Les officiers de paix seront tenus de faire confisquer, à la réquisition et au profit des auteurs, compositeurs, peintres ou dessinateurs et autres, leurs héritiers ou cessionnaires, tous les exemplaires des éditions imprimées ou gravées sans la permission formelle et par écrit des auteurs[2].

Art. 4. Tout contrefacteur sera tenu de payer au véritable propriétaire une somme équivalente au prix de trois mille exemplaires de l'édition originale[3].

Art. 5. Tout débitant d'édition contrefaite, s'il n'est pas reconnu contrefacteur, sera tenu de payer au véritable propriétaire une somme équivalente au prix de cinq cents exemplaires de l'édition originale.

Art. 6. Tout citoyen qui mettra au jour un ouvrage, soit de littérature ou de gravure, dans quelque genre

1. Ce terme de dix ans a été porté à trente ans pour les enfants des auteurs et des artistes par la loi du 8 avril 1854 (p. 22) : elle n'a rien modifié à l'égard des autres héritiers.

2. Aux termes de cet article, l'officier ministériel requis par un auteur ou son ayant cause de procéder à une saisie, ne peut s'y refuser sous aucun prétexte. La perquisition et la saisie ont lieu aux risques et périls du requérant. D'après l'article 1er de la loi du 25 prairial an III (p. 9) et l'article 45 du décret du 5 février 1810 (p. 15), les fonctions attribuées ici aux officiers de paix doivent être exercées par les commissaires de police, les juges de paix, les inspecteurs de l'imprimerie et de la librairie et les préposés des douanes.

3. La pénalité établie par les articles 4 et 5 a été modifiée par les articles 427, 428, 429 et 463 du Code pénal (p. 26). Aux termes de ces articles, le chiffre de l'indemnité est réglé par les voies ordinaires.

que ce soit, sera obligé d'en déposer deux exemplaires à la bibliothèque nationale ou au cabinet des estampes de la république, dont il recevra un reçu signé par le bibliothécaire, faute de quoi il ne pourra être admis en justice pour la poursuite des contrefacteurs[1].

Art. 7. Les héritiers de l'auteur d'un ouvrage de littérature ou de gravure, ou de toute autre production de l'esprit ou du génie qui appartient aux beaux-arts, en auront la propriété exclusive pendant dix années[2].

Loi du 1er septembre 1793, relative à la propriété des œuvres dramatiques (Extrait).

Art. 2. Les lois des 13 janvier et 19 juillet 1791 et 1793[3] sont appliquées aux ouvrages dramatiques dans toutes leurs dispositions.

1. Conformément aux ordonnances des 24 octobre 1814 (p. 17) et 9 janvier 1828 (p. 18), le dépôt des exemplaires est fait actuellement au ministère de l'intérieur par l'imprimeur, qui est passible d'une amende de mille francs s'il manque à cette prescription légale. Les auteurs étrangers peuvent faire effectuer ce dépôt par leurs correspondants. Le nombre d'exemplaires à déposer a été maintenu à deux pour les écrits imprimés; mais il a été fixé à trois pour les épreuves de planches gravées, par l'ordonnance du 9 janvier 1828. Un exemplaire des écrits imprimés avec gravures et des épreuves des planches gravées doit être déposé en plus, afin d'obtenir l'autorisation préalable prescrite par le décret du 17 février 1852 (p. 20). La loi n'exige la formalité du dépôt que pour les ouvrages de littérature ou de gravure. L'obligation du dépôt n'a pas lieu et ne peut exister pour les manuscrits, les leçons orales, les sermons, les discours, les œuvres dramatiques et musicales représentés et non imprimés, et pour les dessins et peintures non reproduits par la gravure, la lithographie, la photographie, etc.

2. Voyez la note 1 de la page 7 pour les modifications apportées à cet article par la loi du 8 avril 1854 (p. 22), en ce qui concerne la durée du droit de propriété.

3. Voyez les lois du 13 janvier 1791 (p. 5), du 19 juillet 1791 (p. 5) et du 19 juillet 1793 (p. 6).

Art. 3. La police des spectacles continuera d'appartenir exclusivement aux municipalités. Les entrepreneurs ou associés seront tenus d'avoir un registre dans lequel ils inscriront et feront viser par l'officier de police de service, à chaque représentation, les pièces qui seront jouées, pour constater le nombre des représentations de chacune.

Loi du 25 prairial an III (13 juin 1795), relative aux autorités chargées de constater les délits de contrefaçon.

La Convention nationale,

Après avoir entendu le rapport de ses comités de législation et d'instruction publique sur plusieurs demandes en explication de l'article 3 de la loi du 19 juillet 1793, dont l'objet est d'assurer aux auteurs et artistes la propriété de leurs ouvrages par des mesures répressives contre les contrefacteurs,

Décrète ce qui suit :

Art. 1er. Les fonctions attribuées aux officiers de paix par l'article 3 de la loi du 19 juillet 1793[1] seront à l'avenir exercées par les commissaires de police, et par les juges de paix dans les lieux où il n'y a pas de commissaires de police.

Art. 2. Le présent décret sera inséré au Bulletin de correspondance.

Décret impérial du 1er germinal an XIII (22 mars 1805), relatif à la propriété des œuvres posthumes[2].

Napoléon, empereur des Français,

Sur le rapport du ministre de l'intérieur,

Vu les lois sur les propriétés littéraires,

1. Voyez, p. 7, l'article 3 de la loi du 19 juillet 1793.
2. Ce décret a force de loi.

Considérant qu'elles déclarent propriétés publiques les ouvrages des auteurs morts depuis plus de dix ans;

Que les dépositaires, acquéreurs, héritiers ou propriétaires des ouvrages posthumes d'auteurs morts depuis plus de dix ans hésitent à publier ces ouvrages dans la crainte de s'en voir contester la propriété exclusive, et dans l'incertitude de la durée de cette propriété;

Que l'ouvrage inédit est comme l'ouvrage qui n'existe pas, et que celui qui le publie a les droits de l'auteur décédé, et doit en jouir pendant sa vie;

Que cependant, s'il réimprimait en même temps et dans une seule édition, avec les œuvres posthumes, les ouvrages déjà publiés du même auteur, il en résulterait en sa faveur une espèce de privilége pour la vente d'ouvrages devenus propriété publique;

Le conseil d'État entendu,

Décrète :

Art. 1er. Les propriétaires par succession ou à d'autre titre d'un ouvrage posthume ont les mêmes droits que l'auteur, et les dispositions des lois sur la propriété exclusive des auteurs et sur sa durée leur sont applicables; toutefois à la charge d'imprimer séparément les œuvres posthumes, et sans les joindre à une nouvelle édition des ouvrages déjà publiés et devenus propriété publique.

Art. 2. Le grand juge ministre de la justice et les ministres de l'intérieur et de la police générale sont chargés, chacun en ce qui le concerne, de l'exécution du présent décret.

Au palais des Tuileries, le 1er germinal an XIII.

NAPOLÉON.

Par l'Empereur : *le secrétaire d'État*,

HUGUES B. MARET.

Décret impérial du 7 germinal an XIII (29 mars 1805), relatif au droit d'impression des livres d'église[1].

NAPOLÉON, empereur des Français,

Sur le rapport du ministre des cultes,

Décrète :

Art. 1er. Les livres d'église, les heures et prières, ne pourront être imprimés ou réimprimés que d'après la permission donnée par les évêques diocésains[2] ; laquelle permission sera textuellement rapportée et imprimée en tête de chaque exemplaire.

Art. 2. Les imprimeurs, libraires, qui feraient imprimer ou réimprimer des livres d'église, des heures ou prières, sans avoir obtenu cette permission, seront poursuivis conformément à la loi du 19 juillet 1793[3].

Art. 3. Le grand juge ministre de la justice et les ministres de la police générale et des cultes sont chargés, chacun en ce qui le concerne, de l'exécution du présent décret.

Au palais de Saint-Cloud, le 7 germinal an XIII.

NAPOLÉON.

Par l'Empereur : *le secrétaire d'État*,

HUGUES B. MARET.

1. Ce décret a force de loi.

2. La condition à laquelle est subordonnée toute impression ou réimpression, à savoir la permission de l'évêque diocésain, lui confère virtuellement la faculté de l'accorder ou de la refuser, en vertu d'une appréciation souveraine, sans qu'il soit tenu d'en décliner les motifs, sous la seule qualité inhérente au caractère dont il est revêtu et à la mission de haute surveillance que ce caractère lui impose ; ce qui entraîne, par voie de conséquence, le libre choix de l'imprimeur ou des imprimeurs préposés sous sa direction à toutes les publications liturgiques réclamées par les besoins de son diocèse (arrêt de la cour de cassation, 5 juin 1847). Le décret n'établit pas de distinction entre le rit propre au diocèse et les rits étrangers, rit romain, rit parisien, etc.

3. Voyez, p. 6, la loi du 19 juillet 1793.

Décret impérial du 8 juin 1806, relatif aux théâtres et à la propriété des œuvres dramatiques posthumes (Extrait)[1].

Art. 10. Les auteurs et les entrepreneurs seront libres de déterminer entre eux, par des conventions mutuelles, les rétributions dues aux premiers par somme fixe ou autrement.

Art. 11. Les autorités locales veilleront strictement à l'exécution de ces conventions.

Art. 12. Les propriétaires d'ouvrages dramatiques posthumes ont les mêmes droits que l'auteur, et les dispositions sur la propriété des auteurs et sur sa durée leur sont applicables ainsi qu'il est dit au décret du 1er germinal an XIII[2].

Décret impérial du 20 février 1809, relatif au droit d'impression des manuscrits des bibliothèques et des établissements publics[3].

Napoléon, empereur des Français, roi d'Italie et protecteur de la Confédération du Rhin,

Sur le rapport de notre ministre des relations extérieures,

Notre conseil d'État entendu,

Nous avons décrété et décrétons ce qui suit :

Art. 1er. Les manuscrits des archives de notre ministère des relations extérieures, et ceux des bibliothèques impériales, départementales et communales, ou des autres établissements de notre empire, soit que ces manuscrits existent dans les dépôts auxquels ils appartiennent, soit qu'ils en aient été soustraits, ou que leurs

1. Ce décret a force de loi.
2. Voyez, p. 9, le décret impérial du 1er germinal an XIII.
3. Ce décret a force de loi.

minutes n'y aient pas été déposées aux termes des anciens règlements, sont la propriété de l'État, et ne peuvent être imprimés et publiés sans autorisation.

Art. 2. Cette autorisation sera donnée par notre ministre des relations extérieures pour la publication des ouvrages dans lesquels se trouveront des copies, extraits ou citations des manuscrits qui appartiennent aux archives de son ministère, et par notre ministre de l'intérieur pour celle des ouvrages dans lesquels se trouveront des copies, extraits ou citations des manuscrits qui appartiennent à l'un des autres établissements publics mentionnés dans l'article précédent.

Art. 3. Nos ministres des relations extérieures et de l'intérieur sont chargés, chacun en ce qui le concerne, de l'exécution du présent décret.

Au palais des Tuileries, le 20 février 1809.

NAPOLÉON.

Par l'Empereur : *le secrétaire d'État*,

HUGUES B. MARET.

Décret impérial du 5 février 1810, relatif à l'imprimerie (Extraits)[1].

NAPOLÉON, par la grâce de Dieu et les constitutions, empereur des Français, roi d'Italie, protecteur de la Confédération du Rhin, etc.,

Notre conseil d'État entendu,

Nous avons décrété et décrétons ce qui suit :

TITRE VI. *De la propriété et de sa garantie.*

Art. 39. Le droit de propriété est garanti à l'auteur et à sa veuve pendant leur vie, si les conventions ma-

1. Ce décret a force de loi.

trimoniales de celle-ci lui en donnent le droit[1], et à leurs enfants pendant vingt ans[2].

Art. 40. Les auteurs, soit nationaux, soit étrangers[3], de tout ouvrage imprimé ou gravé peuvent céder leur droit à un imprimeur ou libraire, ou à toute autre personne qui est alors substituée en leur lieu et place, pour eux et leurs ayants cause, comme il est dit à l'article précédent.

TITRE VII.

SECTION Ire. *Des délits en matière de librairie.*

Art. 41. Il y aura lieu à confiscation et amende au profit de l'État, dans les cas suivants, sans préjudice des dispositions du Code pénal :

. . . .

7° Si c'est une contrefaçon, c'est-à-dire si c'est un ouvrage imprimé sans le consentement et au préjudice de l'auteur ou éditeur, ou de leurs ayants cause.

Art. 42. Dans ce dernier cas, il y aura lieu, en outre, à des dommages-intérêts envers l'auteur ou éditeur, ou

1. Les conventions matrimoniales donnent droit à la jouissance viagère spécifiée par l'article 39, lorsque la veuve est mariée sous le régime de la communauté, soit légale, soit conventionnelle (arrêt de la cour impériale de Paris, 8 avril 1854). Aux termes des principes généraux du droit, l'œuvre du mari, essentiellement mobilière, tombe dans la communauté et profite à la société conjugale, non-seulement dans ses produits, mais encore dans la valeur capitale; c'est l'ouvrage même qui lui appartient, et une pareille propriété n'étant pas susceptible de division, ne pouvant pas surtout se partager avec le domaine public, la veuve est appelée à en recueillir viagèrement les fruits (jugement du tribunal de la Seine, 1er février 1854). Si la veuve n'a pas la jouissance viagère, elle n'a d'autres droits que ceux qui peuvent lui appartenir comme donataire ou héritière.

2. Ce terme de vingt ans a été porté à trente ans par la loi du 8 avril 1854 (p. 22).

3. Le décret présidentiel du 28 mars 1852 (p. 20) a étendu ce droit de propriété aux ouvrages publiés hors de France.

leurs ayants cause; et l'édition ou les exemplaires contrefaits seront confisqués à leur profit.

Art. 43. Les peines seront prononcées et les dommages-intérêts seront arbitrés par le tribunal correctionnel ou criminel, selon les cas et d'après les lois.

. . . .

Section II. *Du mode de constater les délits et contraventions.*

Art. 45. Les délits et contraventions seront constatés par les inspecteurs de l'imprimerie et de la librairie, les officiers de police[1], et, en outre, par les préposés des douanes pour les livres venant de l'étranger[2].

Chacun dressera procès-verbal de la nature du délit et contravention, des circonstances et dépendances, et le remettra au préfet de son arrondissement, pour être adressé au directeur général.

Art. 46. Les objets saisis sont déposés provisoirement au secrétariat de la mairie, ou au commissariat général de la sous-préfecture ou de la préfecture la plus voisine du lieu où le délit ou la contravention sont constatés, sauf l'envoi ultérieur à qui de droit[3].

. . . .

1. D'après l'article 1er de la loi du 25 prairial an III (p. 9), les juges de paix doivent remplir ces fonctions dans les lieux où il n'y a pas de commissaires de police.

2. La loi de douane du 27 mars 1817 prohibe les contrefaçons; celle du 6 mars 1841 les exclut du transit accordé aux marchandises prohibées par la loi du 7 février 1832. Aux termes de la loi de 1841, dans le cas où des présomptions de contrefaçon s'élèvent sur les livres présentés à l'importation ou au transit, l'admission est suspendue; les livres sont retenus à la douane, et il en est référé au ministre de l'intérieur.

3. Dans la pratique, les objets saisis sont déposés au greffe du tribunal du lieu où le délit a été constaté.

Art. 47. Nos procureurs généraux ou impériaux seront tenus de poursuivre d'office dans tous les cas prévus à la section précédente, sur la simple remise qui leur sera faite d'une copie des procès-verbaux dûment affirmés.

TITRE VIII. *Dispositions diverses.*

Art. 48. Chaque imprimeur sera tenu de déposer à la préfecture de son département, et à Paris à la préfecture de police, cinq exemplaires de chaque ouvrage, savoir : un pour la bibliothèque impériale, un pour le ministre de l'intérieur, un pour la bibliothèque de notre conseil d'État, un pour le directeur général de la librairie[1].

. . . .

Au palais des Tuileries, le 5 février 1810.

NAPOLÉON.

Par l'Empereur : *le ministre secrétaire d'État*,

H. B. duc DE BASSANO.

Décret impérial du 15 octobre 1812, relatif aux théâtres (Extrait)[2].

Art. 72. La part d'auteur dans le produit des recettes, le tiers prélevé pour les frais, est du huitième pour une pièce en cinq ou en quatre actes, du douzième pour une pièce en trois actes, et du seizième pour une pièce en

1. Les dispositions de cet article ont été modifiées par la loi du 21 octobre 1814 (p. 17), le décret du 17 février 1852 (p. 20) et les ordonnances des 24 octobre 1814 (p. 17) et 9 janvier 1828 (p. 18).
2. Ce décret a force de loi.

un et deux actes. Cependant les auteurs et les comédiens peuvent faire toute autre convention de gré à gré.

Art. 73. L'auteur jouit de ses entrées du moment où sa pièce est mise en répétition, et les conserve trois ans après la première représentation pour un ouvrage en cinq et en quatre actes, deux ans pour un ouvrage en trois actes, un an pour une pièce en un et deux actes. L'auteur de deux pièces en cinq ou en quatre actes, ou de trois pièces en trois actes, ou de quatre pièces en un acte, restées au théâtre, a ses entrées sa vie durant.

Loi du 21 octobre 1814, relative à l'imprimerie (Extrait).

Art. 14. Nul imprimeur ne pourra imprimer un écrit avant d'avoir déclaré qu'il se propose de l'imprimer, ni le mettre en vente ou le publier, de quelque manière que ce soit, avant d'avoir déposé le nombre prescrit d'exemplaires, savoir : à Paris, au secrétariat de la direction générale[1]; et dans les départements, au secrétariat de la préfecture.

Ordonnance royale du 24 octobre 1814, relative à l'imprimerie (Extraits).

Art. 4. Le nombre d'exemplaires qui doivent être déposés, ainsi qu'il est dit à l'article 14 de la loi du 21 octobre 1814, reste fixé à cinq, lesquels seront répartis ainsi qu'il suit : un pour notre bibliothèque, un pour notre amé et féal chevalier le chancelier de France, un pour notre ministre secrétaire d'État au département de l'intérieur, un pour le directeur général de la librairie,

1. A la direction générale de l'imprimerie et de la librairie, au ministère de l'intérieur.

et le cinquième pour le censeur qui aura été ou qui sera chargé d'examiner l'ouvrage[1].

Art. 8. Le nombre d'épreuves des estampes et planches gravées, sans texte, qui doivent être déposées pour notre bibliothèque, reste fixé à deux, dont une avant la lettre ou en couleur, s'il en a été tiré ou imprimé de cette espèce.

Il sera déposé en outre trois épreuves, dont une pour notre amé et féal chevalier le chancelier de France, une pour notre ministre secrétaire d'État au département de l'intérieur et la troisième pour le directeur général de la librairie.

Art. 9. Le dépôt ordonné en l'article précédent sera fait, à Paris, au secrétariat de la direction générale, et dans les départements, au secrétariat de la préfecture. Le récépissé détaillé qui en sera délivré à l'auteur formera son titre de propriété, conformément aux dispositions de la loi du 19 juillet 1793[2].

Ordonnance royale du 9 janvier 1828, relative à l'imprimerie (Extrait).

Art. 1er. Le nombre des exemplaires des écrits imprimés et des épreuves des planches et estampes dont le dépôt est exigé par la loi, et qui avait été fixé à cinq par les articles 4 et 8 de l'ordonnance royale du 24 octobre 1814[3], est réduit, outre l'exemplaire et les deux épreuves destinés à notre bibliothèque conformément à la même ordonnance, à un seul exemplaire et une seule épreuve pour la bibliothèque du ministère de l'intérieur[4].

1. Les dispositions des articles 4 et 8, relatives au dépôt, ont été modifiées par l'ordonnance du 9 janvier 1828 (voyez ci-dessous).

2. Voyez, p. 6, la loi du 19 juillet 1793.

3. Voyez, p. 17, l'ordonnance du 24 octobre 1814.

4. Il résulte de la loi du 19 juillet 1793 (p. 6), de l'ordonnance du 9 janvier 1828 et des décrets des 17 février et 28 mars 1852

Loi du 3 août 1844, relative à la propriété des œuvres dramatiques.

LOUIS-PHILIPPE, roi des Français,

A tous présents et à venir, salut :

Les chambres ont adopté, nous avons ordonné et ordonnons ce qui suit :

Article unique. Les veuves et les enfants des auteurs d'ouvrages dramatiques auront, à l'avenir, le droit d'en autoriser la représentation et d'en conférer la jouissance pendant vingt ans, conformément aux dispositions des articles 39 et 40 du décret impérial du 5 février 1810[1].

La présente loi, discutée, délibérée et adoptée par la chambre des pairs et par celle des députés, et sanctionnée par nous aujourd'hui, sera exécutée comme loi de l'État.

Donnons en mandement à nos cours et tribunaux, préfets, corps administratifs et tous autres, que les présentes ils gardent et maintiennent, fassent garder, observer et maintenir, et, pour les rendre plus notoires à tous, ils les fassent publier et enregistrer partout où besoin sera ; et, afin que ce soit chose ferme et stable à toujours, nous y avons fait mettre notre sceau.

Fait au palais de Neuilly, le 3e jour du mois d'août 1844.

LOUIS-PHILIPPE.

Par le Roi : *le ministre secrétaire d'État au département de l'intérieur,*

DUCHATEL.

(p. 20), que les auteurs et artistes français et étrangers doivent faire le dépôt de deux exemplaires pour les écrits imprimés sans gravures, de trois pour les écrits imprimés avec gravures, et de quatre pour les épreuves des planches gravées, lithographiées, etc. (voyez la note 1 de la page 8).

1. Ce terme de vingt ans a été porté à trente ans par la loi du 8 avril 1854 (p. 22),

---

Décret présidentiel du 17 février 1852, relatif à la presse (Extrait)[1].

Art. 22. Aucuns dessins, aucunes gravures, lithographies, médailles, estampes ou emblèmes, de quelque nature et espèce qu'ils soient, ne pourront être publiés, exposés ou mis en vente sans l'autorisation préalable du ministre de la police à Paris, ou des préfets dans les départements[2].

En cas de contravention, les dessins, gravures, lithographies, médailles, estampes ou emblèmes pourront être confisqués, et ceux qui les auront publiés seront condamnés à un emprisonnement d'un mois à un an et à une amende de cent francs à mille francs.

Décret présidentiel du 28 mars 1852, relatif à la propriété littéraire et artistique des ouvrages publiés à l'étranger[3].

LOUIS-NAPOLÉON, président de la république française,

Sur le rapport du garde des sceaux, ministre secrétaire d'État au département de la justice,

Vu la loi du 19 juillet 1793, les décrets du 1er germinal an XIII et du 5 février 1810, la loi du 25 prairial an III, et les articles 425, 426, 427 et 429 du Code pénal,

Décrète :

Art. 1er. La contrefaçon, sur le territoire français,

1. Ce décret a force de loi.

2. Pour l'exécution de cet article, le dépôt d'un exemplaire des ouvrages avec gravures et des épreuves des planches gravées, est obligatoire, indépendamment du dépôt des exemplaires prescrits par l'ordonnance du 9 janvier 1828 (voyez la note 4 de la page 18).

3. Ce décret a force de loi.

d'ouvrages publiés à l'étranger[1] et mentionnés en l'article 425 du Code pénal[2], constitue un délit.

Art. 2. Il en est de même du débit, de l'exportation et de l'expédition des ouvrages contrefaits. L'exportation et l'expédition de ces ouvrages sont un délit de la même espèce que l'introduction sur le territoire français d'ouvrages qui, après avoir été imprimés en France, ont été contrefaits chez l'étranger.

Art. 3. Les délits prévus par les articles précédents seront réprimés conformément aux articles 427 et 429 du Code pénal.

L'article 463 du même Code pourra être appliqué[3].

Art. 4. Néanmoins, la poursuite ne sera admise que sous l'accomplissement des conditions exigées relativement aux ouvrages publiés en France, notamment par l'article 6 de la loi du 19 juillet 1793[4].

Art. 5. Le garde des sceaux, ministre secrétaire d'État au département de la justice, est chargé de l'exécution du présent décret.

Fait au palais des Tuileries, le 28 mars 1852.

LOUIS-NAPOLÉON.

Le garde des sceaux, ministre secrétaire d'État au département de la justice, ABBATUCCI.

1. L'esprit et la généralité des termes de ce décret étendent le bénéfice de ses dispositions aux ouvrages publiés antérieurement à sa promulgation, alors même qu'ils auraient été réimprimés en France par des tiers avant cette dernière époque (arrêt de la cour impériale de Paris, 8 décembre 1853).

2. Voici l'énumération des ouvrages mentionnés à l'article 425 du Code pénal : « Toute édition d'écrits, de composition musicale, « de dessin, de peinture ou de toute autre production imprimée « ou gravée en entier ou en partie, au mépris des lois et règlements « relatifs à la propriété des auteurs. » Aux termes de l'article 428 du Code pénal (p. 27), les auteurs d'œuvres dramatiques doivent profiter également des bénéfices du décret.

3. Voyez, p. 26 et 27, les articles 427, 429 et 463 du Code pénal.

4. Les conditions exigées par l'article 6 de la loi du 19 juillet

Loi du 8 avril 1854, relative à la propriété littéraire et artistique[1].

NAPOLÉON, par la grâce de Dieu et la volonté nationale, empereur des Français,

A tous présents et à venir, salut :

Avons sanctionné et sanctionnons, promulgué et promulguons ce qui suit :

LOI.

(Extrait du procès-verbal du Corps législatif.)

Le Corps législatif a adopté le projet de loi dont la teneur suit :

Article unique. Les veuves des auteurs, des compositeurs et des artistes jouiront pendant toute leur vie des droits garantis par les lois des 13 janvier 1791 et 19 juillet 1793, le décret du 5 février 1810, la loi du 3 août 1844 et les autres lois ou décrets sur la matière[2].

La durée de la jouissance accordée aux enfants[3] par ces mêmes lois et décrets est portée à trente ans, à

1793 (p. 7) consistent dans le dépôt d'exemplaires ou d'épreuves de chaque ouvrage ou œuvre (voyez les notes 1 de la page 8 et 4 de la page 18).

1. Cette loi modifie les dispositions des lois des 19 juillet 1793 et 3 août 1844, et du décret impérial du 5 février 1810, en ce qui concerne la durée de la propriété littéraire et artistique.

2. Voyez les lois du 13 janvier 1791 et du 19 juillet 1793 (p. 5), celle du 3 août 1844 (p. 19) et le décret du 5 février 1810 (p. 13).

3. Le mot *enfants* s'entend des enfants légitimes ou adoptifs et de leurs descendants en ligne directe.

partir, soit du décès de l'auteur, compositeur ou artiste, soit de l'extinction des droits de la veuve.

Délibéré en séance publique à Paris, le 8 mars 1854.

Le président, BILLAULT.

Les secrétaires, JOACHIM MURAT, ED. DALLOZ, baron ESCHASSÉRIAUX.

(Extrait du procès-verbal du Sénat.)

Le Sénat ne s'oppose pas à la promulgation de la loi relative au droit de propriété garanti aux veuves et aux enfants des auteurs, des compositeurs et des artistes.

Délibéré en séance, au palais du Sénat, le 3 avril 1854.

Le président, TROPLONG.

Les secrétaires, comte DE LA RIBOISIÈRE, AM. THAYER, baron T. DE LACROSSE.

Vu et scellé du sceau du sénat :

Baron T. DE LACROSSE.

Mandons et ordonnons que les présentes, revêtues du sceau de l'État et insérées au *Bulletin des lois*, soient adressées aux cours, aux tribunaux et aux autorités administratives, pour qu'ils les inscrivent sur leurs registres, les observent et les fassent observer, et notre ministre secrétaire d'État au département de la justice est chargé d'en surveiller la publication.

Fait au palais des Tuileries, le 8 avril 1854.

NAPOLÉON.

Par l'Empereur : *le ministre d'État*, ACHILLE FOULD.

Décret impérial du 19 avril 1854, relatif à la Convention littéraire passée avec la Belgique (Extrait).

Art. 9. L'importation de Belgique en France des livres de réimpression non autorisée, qui auront été soumis à la formalité du timbre[1], ne pourra être effectuée qu'avec le consentement des auteurs et éditeurs français intéressés, ou lorsque l'ouvrage original sera tombé dans le domaine public[2].

Art. 10. Aucun ouvrage imprimé en Belgique, et portant sur le titre ou la couverture la mention : *Edition autorisée pour la Belgique et l'étranger,* ne pourra être introduit en France, sous les peines portées par les lois.

Code Napoléon (Extraits).

Art. 544. La propriété est le droit de jouir et disposer des choses de la manière la plus absolue, pourvu qu'on n'en fasse pas un usage prohibé par les lois ou par les règlements.

Art. 1382. Tout fait quelconque de l'homme, qui cause à autrui un dommage, oblige celui par la faute duquel il est arrivé à le réparer.

1. Ce timbre a été prescrit par la Convention littéraire du 22 août 1852, pour les ouvrages français imprimés en Belgique avant la mise à exécution de la Convention et non encore tombés dans le domaine public.

2. La même disposition se trouve applicable de droit dans les pays étrangers avec lesquels la France a signé des Conventions.

Code de procédure civile (Extraits).

Art. 59. En matière personnelle, le défendeur sera assigné devant le tribunal de son domicile; s'il n'a pas de domicile, devant le tribunal de sa résidence ; s'il y a plusieurs défendeurs, devant le tribunal du domicile de l'un d'eux, au choix du demandeur[1].

Art. 1036. Les tribunaux, suivant la gravité des circonstances, pourront, dans les causes dont ils seront saisis, prononcer, même d'office, des injonctions, supprimer des écrits, les déclarer calomnieux et ordonner l'impression et l'affiche de leurs jugements.

Code d'instruction criminelle (Extraits).

Art. 637. L'action publique et l'action civile résultant d'un crime de nature à entraîner la peine de mort ou des peines afflictives perpétuelles, ou de tout autre crime emportant peine afflictive ou infamante, se prescriront après dix années révolues, à compter du jour où le crime aura été commis, si dans cet intervalle il n'a été fait aucun acte d'instruction ni de poursuite.

S'il a été fait, dans cet intervalle, des actes d'instruction ou de poursuite non suivis de jugement, l'action publique et l'action civile ne se prescriront qu'après dix

1. La contrefaçon étant un délit, le demandeur a le droit d'opter entre la juridiction civile et la juridiction correctionnelle. Il est préférable de porter l'affaire devant le tribunal correctionnel, parce que le ministère public peut exercer en même temps l'action publique.

années révolues, à compter du dernier acte, à l'égard même des personnes qui ne seraient pas impliquées dans cet acte d'instruction ou de poursuite.

Art. 638. Dans les deux cas exprimés en l'article précédent, et suivant les distinctions d'époques qui y sont établies, la durée de la prescription sera réduite à trois années révolues s'il s'agit d'un délit de nature à être puni correctionnellement.

Code pénal (Extraits).

Art. 425. Toute édition d'écrits, de composition musicale, de dessin, de peinture ou de toute autre production imprimée ou gravée en entier ou en partie, au mépris des lois et règlements relatifs à la propriété des auteurs, est une contrefaçon; et toute contrefaçon est un délit.

Art. 426. Le débit d'ouvrages contrefaits, l'introduction sur le territoire français d'ouvrages qui, après avoir été imprimés en France, ont été contrefaits chez l'étranger, sont un délit de la même espèce.

Art. 427. La peine contre le contrefacteur ou contre l'introducteur sera une amende de cent francs au moins et de deux mille francs au plus; et contre le débitant, une amende de vingt-cinq francs au moins et de cinq cents francs au plus.

La confiscation de l'édition contrefaite sera prononcée tant contre le contrefacteur que contre l'introducteur et le débitant.

Les planches, moules ou matrices des objets contrefaits seront aussi confisqués.

Art. 428. Tout directeur, tout entrepreneur de spectacle, toute association d'artistes qui aura fait représenter sur son théâtre des ouvrages dramatiques, au mépris des lois et règlements relatifs à la propriété des auteurs, sera puni d'une amende de cinquante francs au moins, de cinq cents francs au plus, et de la confiscation des recettes.

Art. 429. Dans les cas prévus par les quatre articles précédents, le produit des confiscations ou les recettes confisquées seront remis au propriétaire pour l'indemniser d'autant du préjudice qu'il aura souffert; le surplus de son indemnité, ou l'entière indemnité, s'il n'y a eu ni vente d'objets confisqués ni saisie de recettes, sera réglé par les voies ordinaires.

Art. 463.......Dans tous les cas où la peine de l'emprisonnement et celle de l'amende sont prononcées par le code pénal, si les circonstances paraissent atténuantes, les tribunaux correctionnels sont autorisés, même en cas de récidive, à réduire l'emprisonnement même au-dessous de six jours et l'amende même au-dessous de seize francs; ils pourront aussi prononcer séparément l'une ou l'autre de ces peines, et même substituer l'amende à l'emprisonnement, sans qu'en aucun cas elle puisse être au-dessous des peines de simple police.

TABLE ANALYTIQUE DE LA LÉGISLATION FRANÇAISE.

[Les chiffres renvoient aux pages].

LÉGISLATION BELGE.

Arrêté-loi du 23 septembre 1814, relatif à l'imprimerie et aux droits de propriété littéraire en Belgique.

Nous GUILLAUME, prince d'Orange-Nassau, prince souverain des Provinces-Unies des Pays-Bas, etc.,

Considérant qu'en vertu des lois et règlements actuellement en vigueur sur l'imprimerie et la librairie, la liberté de la presse a été soumise à une surveillance souvent arbitraire;

Voulant, de plus, déterminer et garantir les droits que les auteurs peuvent exercer sur leurs productions;

Sur le rapport de notre commissaire général de l'intérieur;

Le conseil privé entendu,

Avons arrêté et arrêtons :

Art. 1er. Les lois et règlements émanés sous le gouvernement français sur l'imprimerie et la librairie, en y comprenant tout ce qui concerne les journaux, sont abrogés dans le gouvernement de la Belgique, à dater de la publication du présent arrêté.

Art. 2. Chacun est responsable de ce qu'il écrit et publie, de ce qu'il imprime, vend ou distribue; l'imprimeur seul est responsable, si l'auteur n'est pas connu ou ne peut être désigné.

Art. 3. Tout imprimé qui paraît sous le nom de l'auteur ou de l'imprimeur, et sans l'indication de l'année et de l'endroit de sa publication, sera considéré comme libelle : l'éditeur ou le colporteur sera poursuivi comme s'il en était l'auteur.

Art. 4. Toute exposition ou distribution d'écrits, de figures ou images tendant à avilir la religion ou à corrompre les mœurs sera punie conformément à l'art. 287 du code pénal.

Art. 5. Tout auteur d'un ouvrage original[1] a le droit exclusif de le faire imprimer et débiter dans le gouvernement

1. Le droit de propriété des productions des arts est réglé par la loi du 25 janvier 1817 (p. 32).

de la Belgique pendant sa vie, sa veuve et ses héritiers conservant le même droit pendant la leur[1].

Art. 6. Dans le cas de la publication d'un ouvrage posthume, la propriété appartient à la veuve et aux héritiers de l'auteur, et ils en jouissent pendant leur vie.

Art. 7. Si le manuscrit d'un auteur se trouve dans les mains d'une personne étrangère à sa famille, il ne pourra être publié ni pendant sa vie, ni pendant celle de ses héritiers, sans leur consentement, et le droit reconnu par l'article 5 devra être respecté.

Art. 8. Après l'extinction de la première génération des héritiers d'un auteur, tout droit de propriété vient à cesser[2] et tout ouvrage rentre dans la classe de ceux dont il sera parlé article 13.

Art. 9. Il est défendu expressément de réimprimer ou de débiter, et en cas que la réimpression ait eu lieu en pays étranger, d'introduire, répandre ou vendre dans le gouvernement de la Belgique tout ouvrage original sur lequel l'auteur peut exercer le droit de propriété en vertu de l'article 5, sous peine de confiscation de tous les exemplaires non débités de la contrefaçon, et de plus d'une amende de la valeur de trois cents exemplaires de l'ouvrage, à fixer d'après le prix de vente; lesdites confiscation et amende sont au profit de celui qui a le droit de propriété; néanmoins, celui qui n'aura introduit dans la Belgique qu'un seul exemplaire pour son usage ne sera pas passible de l'amende, mais seulement de la confiscation.

Art. 10. La propriété de tout ouvrage original imprimé antérieurement à la publication du présent arrêté est garantie à son auteur, conformément à l'article 5.

Art. 11. La traduction d'un ouvrage ne donne de droits à son auteur que sur l'édition qu'il publie; dans ce cas, le droit de propriété ne peut s'exercer que sur les notes ou commentaires joints à la traduction.

Art. 12. Il est défendu, sous les peines portées en l'article 9, de publier la traduction d'un ouvrage sur lequel l'au-

1. Cet article a été modifié par l'art. 3 de la loi du 25 janvier 1817 (p. 32), qui limite la durée du droit de propriété à vingt ans après la mort de l'auteur.

2. Cette disposition a été également modifiée par l'art. 3 de la loi du 25 janvier 1817 (p. 32).

teur ou ses héritiers exercent encore leur droit de propriété, à moins qu'ils n'en donnent leur consentement par écrit, ou que l'ouvrage traduit ne soit parvenu à la seconde édition.

Art. 13. Sont exceptés des présentes dispositions la Bible, les livres d'Église ou d'école, les auteurs classiques, les ouvrages de sciences ou de littérature étrangère[1], les almanachs, et en un mot tous les ouvrages sur lesquels aucun habitant de ce gouvernement ne peut réclamer un droit de propriété, soit parce qu'ils sont de toutes les nations, soit parce que le terme fixé en l'article 8 est écoulé. La présente exception ne porte que sur le texte, et le droit de propriété peut toujours s'exercer sur les notes ou augmentations que l'éditeur pourrait ajouter.

Art. 14. Tous rédacteurs de journaux, feuilles d'annonces, ouvrages périodiques, sous quelque dénomination que ce soit, sont tenus, soit pour en établir de nouveaux, soit pour continuer à publier ceux actuellement en circulation, de se munir de notre autorisation, qui ne leur sera accordée que s'ils justifient d'une manière satisfaisante qu'ils ont au moins trois cents souscripteurs. Ceux qui ne se seront pas mis en règle avant le 10 octobre cesseront toute publication. Ne sont pas compris dans la présente disposition, quant au nombre des souscripteurs, ceux dont la feuille traitera uniquement d'objets relatifs à la littérature ou aux arts et aux sciences.

Art. 15. Il sera envoyé à notre commissaire de l'intérieur, avant leur distribution, trois exemplaires de tout ouvrage imprimé quelconque. Ils devront être reliés s'ils contiennent plus de cent feuillets. Nous nous réservons de disposer ultérieurement sur leur emploi. Sont dans cette disposition tous les journaux et ouvrages périodiques, cartes et estampes.

Art. 16. Nos commissaires généraux de l'intérieur et de la justice sont chargés, chacun en ce qui le concerne, de l'exécution du présent arrêté, qui sera inséré au *Journal officiel*.

Fait à Bruxelles, le 23 septembre 1814.

GUILLAUME.

1. La convention conclue avec la France le 22 août 1852 (p. 39) a modifié cette disposition en ce qui concerne les publications faites en France.

Loi du 25 janvier 1817, relative aux droits de propriété littéraire et artistique dans les Pays-Bas.

Nous GUILLAUME, par la grâce de Dieu, roi des Pays-Bas, prince d'Orange-Nassau, etc.,

A tous ceux qui les présentes verront, salut, savoir faisons :

Ayant pris en considération qu'il importe d'établir d'une manière uniforme les droits qui peuvent être exercés dans notre royaume relativement à l'impression et à la publication d'ouvrages littéraires et de productions des arts;

A ces causes, notre conseil d'État entendu, et de commun accord avec les états généraux, avons statué comme nous statuons par les présentes :

Art. 1er. Le droit de copie ou le droit de copier au moyen de l'impression est, pour ce qui concerne les ouvrages originaux, soit productions littéraires ou productions des arts [1], un droit exclusivement réservé à leurs auteurs et à leurs ayants cause, de rendre publics par la voie de l'impression, de vendre ou faire vendre ces ouvrages, en tout ou en partie, par abrégé ou sur une échelle réduite, sans distinction de format ou de mode de publication, en une ou plusieurs langues, ornés ou non ornés de gravures ou autres accessions de l'art.

Art. 2. Le droit de copie, quant aux traductions d'ouvrages littéraires originairement publiés en pays étrangers [2], est un droit exclusif qu'ont les traducteurs et leurs ayants cause de publier par la voie de l'impression, vendre et faire vendre leurs traductions des ouvrages littéraires susmentionnés.

Art. 3. Le droit de copie décrit aux articles précédents ne pourra durer que vingt ans après le décès de l'auteur ou du traducteur.

1. Il s'agit ici des productions des arts multipliées par l'impression, telles que les gravures, lithographies, etc. Pour les autres produits artistiques, la loi française du 19 juillet 1793 est toujours en vigueur en Belgique, dans les dispositions qui règlent la propriété artistique (arrêt de la cour de cassation, 10 février 1845). Voyez, p. 6, la loi française du 19 juillet 1793.

2. Cette disposition a été modifiée par la convention conclue avec la France le 22 août 1852 (p. 39), en ce qui concerne les publications faites en France.

Art. 4. Toute infraction du droit de copie précité, soit par une première publication d'un ouvrage encore inédit de littérature ou d'art, soit par la réimpression d'un ouvrage déjà publié, sera réputée contrefaçon, et punie comme telle de la confiscation, au profit du propriétaire du manuscrit ou de l'édition primitive, de tous les exemplaires non vendus de la contrefaçon qui seront trouvés dans le royaume[1], ainsi que du payement à verser entre les mains du même propriétaire de la valeur de deux mille exemplaires, calculée suivant le prix de commission de l'édition légale, et ce, indépendamment d'une amende qui ne pourra excéder la somme de 1000 florins[2], ni être moindre de 100 florins, au profit de la caisse générale des pauvres dans le domicile du contrefacteur ; et pourra en outre le contrefacteur, en cas de récidive et eu égard à la gravité des circonstances, être déclaré inhabile à exercer à l'avenir l'état d'imprimeur, de libraire ou de marchand d'ouvrages d'art, le tout sans préjudice des dispositions et des peines contre la falsification statuées ou à statuer par les lois générales.

Sont défendues, sous les mêmes peines, l'importation, la distribution ou la vente de toutes contrefaçons étrangères d'ouvrages originaux de littérature ou d'art, ou de traductions d'ouvrages, dont on a acquis dans ce royaume le droit de copie.

Art. 5.[3] Dans les dispositions des articles précédents ne sont pas comprises les éditions complètes ou partielles des œuvres des auteurs classiques de l'antiquité, du moins pour ce qui en concerne le texte, non plus que les éditions des Bible, Ancien ou Nouveau Testament, catéchismes, psautiers, livres de prières, livres scolastiques, et généralement de tous les calendriers et almanachs ordinaires, sans cependant

1. La saisie des exemplaires contrefaits et des planches des objets contrefaits a lieu à la requête des parties lésées. Cette saisie est opérée par les commissaires de police ou les juges de paix. Pour les ouvrages venant des pays étrangers, elle est faite par les préposés de douanes.

2. Le florin équivaut à 2 fr. 15 c. de la monnaie de France.

3. Le § 1er de cet article, qui avait donné lieu à des interprétations contradictoires, a été abrogé par l'art. 4 de la loi du 12 avril 1854, ainsi conçu : « Le § 1er de l'art. 5 de la loi du 25 janvier 1817 est abrogé. » Le droit de copie ou propriété existe pour les livres de prières, les livres scolastiques et les almanachs comme pour les autres ouvrages.

que cette exception puisse apporter aucun changement aux priviléges ou octrois déjà accordés pour les objets mentionnés au présent article, et dont le terme n'est pas encore expiré.

Il est libre, au surplus, de faire connaître au public dans les journaux et ouvrages périodiques, au moyen d'extraits et de critiques, la nature et le mérite des productions littéraires ou autres qui sont mises au jour par la voie de l'impression.

Art. 6. Pour pouvoir réclamer le droit de copie dont il est fait mention aux articles 1 et 2, tout ouvrage de littérature ou d'art qui sera publié dans les Pays-Bas[1] après la promulgation de la présente loi devra, à chaque édition qui en sera faite, et soit qu'il s'agisse d'une impression primitive ou d'une réimpression, remplir les conditions suivantes, savoir :

1° Que l'ouvrage soit imprimé dans une des imprimeries du royaume;

2° Que l'éditeur soit habitant des Pays-Bas, et que son nom seul, ou réuni à celui du coéditeur étranger, soit imprimé sur la page du titre, ou à défaut de titre, à l'endroit de l'ouvrage le plus convenable, avec indication du lieu de son domicile, ainsi que de l'époque de la publication de l'ouvrage;

3° A chaque édition qui sera faite d'un ouvrage, l'éditeur en remettra à l'administration communale de son domicile, à l'époque de la publication ou avant, trois exemplaires, dont l'un portera sur le titre, et à défaut de titre, à la première page, la signature de l'éditeur, la date de la remise, et une déclaration écrite, datée et signée par un imprimeur habitant les Pays-Bas, certifiant, avec désignation du lieu, que l'ouvrage est sorti de ses presses.

L'administration communale en donnera récépissé à l'éditeur, et fera sur-le-champ parvenir le tout au département de l'intérieur.

Art. 7. Les dispositions de la présente loi sont applicables à toutes les nouvelles éditions ou réimpressions d'ouvrages de littérature ou d'art déjà publiés, lesquelles paraîtront après sa promulgation.

Art. 8. Toutes les actions qui pourraient résulter de la présente loi seront de la compétence des tribunaux ordinaires.

1. Les dispositions de cet article ont été modifiées, pour la France, par les articles 2 et 5 de la convention conclue le 22 août 1852 (p. 41 et 43).

Mandons et ordonnons que la présente loi soit insérée au *Journal officiel*, et que nos ministres et autres autorités qu'elle concerne tiennent strictement la main à son exécution.

Donné à Bruxelles, le 25 janvier de l'an 1817, le quatrième de notre règne.

GUILLAUME.

Arrêté-loi du 21 octobre 1830, relatif aux droits de représentation des œuvres dramatiques en Belgique.

Le GOUVERNEMENT PROVISOIRE,

Attendu que la manifestation publique et libre de la pensée est un droit déjà reconnu, et qu'il y a lieu de faire disparaître, au théâtre comme ailleurs, les entraves par lesquelles le pouvoir en a gêné l'exercice;

Sur la proposition de l'administration générale de la sûreté publique,

Arrête :

Art. 1er. Toute personne peut élever un théâtre public et y faire représenter des pièces de tous les genres, en faisant, préalablement à l'établissement de son théâtre, sa déclaration à l'administrateur municipal du lieu.

Art. 2. La représentation d'une pièce ne pourra pas être défendue, sauf la responsabilité de l'auteur ou des auteurs.

Art. 3. Les règlements de police actuellement existants seront revus sans retard; jusqu'alors, ils seront provisoirement exécutés en tant qu'ils ne sont pas contraires au présent arrêté.

Art. 4. Toute composition dramatique d'un auteur belge ou étranger, représentée pour la première fois sur un théâtre de la Belgique, ne pourra être représentée sur aucun théâtre public, dans toute l'étendue du territoire belge, sans le consentement formel et par écrit de l'auteur, sous peine de confiscation à son profit du produit total des représentations.

Art. 5. Les héritiers en ligne directe, descendants des auteurs, et à leur défaut l'épouse survivante, succèdent à la propriété des ouvrages et conservent les droits qui en dérivent pendant dix ans après la mort des auteurs.

Extraits des Codes belges.

Code de procédure civile.

Art. 59. En matière personnelle, le défendeur sera assigné devant le tribunal de son domicile; s'il n'a pas de domicile, devant le tribunal de sa résidence; s'il y a plusieurs défendeurs, devant le tribunal du domicile de l'un d'eux, au choix du demandeur.

Code d'instruction criminelle.

Art. 637. L'action publique et l'action civile résultant d'un crime de nature à entraîner la peine de mort ou des peines afflictives perpétuelles, ou de tout autre crime emportant peine afflictive ou infamante, se prescriront après dix années révolues, à compter du jour où le crime aura été commis, si dans cet intervalle il n'a été fait aucun acte d'instruction ni de poursuite.

S'il a été fait, dans cet intervalle, des actes d'instruction ou de poursuite non suivis de jugement, l'action publique et l'action civile ne se prescriront qu'après dix années révolues, à compter du dernier acte, à l'égard même des personnes qui ne seraient pas impliquées dans cet acte d'instruction ou de poursuite.

Art. 638. Dans les deux cas exprimés en l'article précédent, et suivant les distinctions d'époques qui y sont établies, la durée de la prescription sera réduite à trois années révolues, s'il s'agit d'un délit de nature à être puni correctionnellement.

Code pénal.

Art. 425. Toute édition d'écrits, de composition musicale, de dessin, de peinture ou de toute autre production imprimée ou gravée en entier ou en partie, au mépris des lois et règlements relatifs à la propriété des auteurs, est une contrefaçon ; et toute contrefaçon est un délit.

Art. 426. Le débit d'ouvrages contrefaits, l'introduction sur le territoire belge d'ouvrages qui, après avoir été imprimés en Belgique, ont été contrefaits chez l'étranger, sont un délit de la même espèce.

Art. 427. La peine contre le contrefacteur ou contre l'introducteur sera une amende de cent francs au moins et de 2000 francs au plus; et contre le débitant, une amende de 25 francs au moins et de 500 francs au plus.

La confiscation de l'édition contrefaite sera prononcée tant contre le contrefacteur que contre l'introducteur et le débitant.

Les planches, moules ou matrices des objets contrefaits seront aussi confisqués.

Art. 428. Tout directeur, tout entrepreneur de spectacle, toute association d'artistes qui aura fait représenter sur son théâtre des ouvrages dramatiques, au mépris des lois et règlements relatifs à la propriété des auteurs, sera puni d'une amende de 50 francs au moins et de 500 francs au plus et de la confiscation des recettes.

Art. 429. Dans les cas prévus par les quatre articles précédents, le produit des confiscations ou les recettes confisquées seront remis au propriétaire pour l'indemniser d'autant du préjudice qu'il aura souffert; le surplus de son indemnité, ou l'entière indemnité, s'il n'y a eu ni vente d'objets confisqués ni saisie de recettes, sera réglé par les voies ordinaires.

Art. 463. Dans tous les cas où le code pénal prononce la peine d'emprisonnement ou l'amende, les tribunaux, si les circonstances sont atténuantes, sont autorisés à réduire l'emprisonnement au-dessous de six jours et l'amende au-dessous de 16 francs, et même à substituer l'amende à l'emprisonnement. Ils pourront aussi prononcer séparément l'une ou l'autre de ces peines, sans qu'en aucun cas elles puissent être au-dessous des peines de simple police. En cas de substitution d'une peine pécuniaire à l'emprisonnement, l'amende ne pourra excéder 300 francs.

TABLE ANALYTIQUE DE LA LÉGISLATION BELGE.

[Les chiffres renvoient aux pages.]

CONVENTION FRANCO-BELGE.

Convention conclue le 22 août 1852 entre la France et la Belgique, pour la garantie réciproque de la propriété littéraire et artistique.

Napoléon, par la grâce de Dieu et la volonté nationale, empereur des Français,

A tous présents et à venir, salut :

Sur le rapport de notre ministre secrétaire d'État au département des affaires étrangères,

Avons décrété et décrétons ce qui suit :

Art. 1er. La convention et la déclaration y annexée, qui en fait partie intégrante, signées, le 22 août 1852, entre la France et la Belgique, pour la garantie réciproque de la propriété des œuvres d'esprit et d'art, ainsi que pour l'encouragement des entreprises qui se rattachent aux lettres, aux arts et aux sciences dans les deux pays, ayant été ratifiées par les gouvernements contractants, et les ratifications respectives ayant été échangées le 12 avril 1854, lesdites convention et déclaration, dont la teneur suit, recevront leur pleine et entière exécution.

Le prince-président de la République française et S. M. le roi des Belges, également animés du désir de protéger les sciences, les arts et les lettres, et d'encourager les entreprises utiles qui s'y rapportent;

Le prince-président voulant, en outre, assurer aux sujets de S. M. le roi des Belges la conservation des garanties dont ils jouissent déjà en France en vertu du décret du 28 mars 1852, relatif à la contrefaçon des ouvrages étrangers;

Les deux hautes parties contractantes voulant d'ailleurs assurer et consolider le maintien des bons rapports existant entre les deux pays;

Ont, à ces fins, résolu d'adopter, d'un commun accord, les mesures qui leur ont paru le plus propres à garantir aux auteurs ou à leurs ayants cause la propriété des œuvres de littérature ou d'art publiées pour la première fois en

France ou dans le royaume de Belgique, et ont nommé, à cet effet, pour leurs plénipotentiaires respectifs, savoir :

Le prince-président de la République française, M. Édouard Drouyn de Lhuys, grand officier de l'ordre national de la Légion d'honneur, commandeur de l'ordre royal de Léopold de Belgique, grand-croix des ordres du Danebrog et du Sauveur de Grèce, etc., etc., etc., vice-président du sénat, ministre secrétaire d'État au département des affaires étrangères ;

Et S. M. le roi des Belges, M. Firmin Rogier, chevalier de l'ordre de Léopold, décoré de la croix de fer, grand officier de l'ordre national de la Légion d'honneur, grand cordon d'Isabelle la Catholique, chevalier du nombre de l'ordre de Charles III, son envoyé extraordinaire et ministre plénipotentiaire près du prince-président de la République française, et M. Charles Liedts, commandeur de l'ordre de Léopold, décoré de la croix de fer, officier de l'ordre national de la Légion d'honneur, grand cordon de l'ordre du Lion néerlandais, commandeur de première classe de l'ordre de la branche Ernestine de la maison de Saxe, ministre d'État, gouverneur de la province du Brabant, en mission extraordinaire près du prince-président de la République française ;

Lesquels, après s'être communiqué leurs pleins pouvoirs respectifs, trouvés en bonne et due forme, sont convenus des articles suivants :

Art. 1er. Les auteurs de livres, brochures ou autres écrits, de compositions musicales, d'œuvres de dessin, de peinture, de sculpture, de gravure, de lithographie et de toutes autres productions analogues du domaine littéraire ou artistique, jouiront, dans chacun des deux États réciproquement, des avantages qui y sont ou y seront attribués par la loi à la propriété des ouvrages de littérature ou d'art[1], et ils auront la même protection et le même recours légal contre toute atteinte portée à leurs droits, que si cette atteinte avait été commise à l'égard d'auteurs d'ouvrages publiés pour la première fois dans le pays même.

L'exception qui résulte, pour certaines catégories de productions, de l'art. 5 de la loi du 25 janvier 1817, sera levée,

1. Voyez la législation française, p. 5, et la législation belge, p. 29.

en ce qui concerne les auteurs français, à partir de la mise à exécution de la présente convention[1].

Il est entendu que la propriété des œuvres musicales s'étend aux morceaux dits *arrangements*, composés sur des motifs extraits de ces mêmes œuvres; les contestations qui s'élèveraient sur l'application de cette clause demeureront naturellement réservées à l'appréciation des tribunaux respectifs.

Il est également entendu que tout privilége ou avantage qui serait accordé ultérieurement par l'un des deux pays à un pays tiers, en matière de propriété d'œuvres de littérature ou d'art dont la définition a été donnée dans le présent article, sera acquis de plein droit aux citoyens de l'autre pays.

Art. 2. La jouissance du bénéfice de l'art. 1er est subordonnée à l'accomplissement, dans le pays d'origine, des formalités qui sont prescrites par la loi pour assurer la propriété des ouvrages de littérature ou d'art[2].

Pour les livres, cartes, estampes ou œuvres musicales publiés pour la première fois dans l'un des deux États, l'exercice du droit de propriété dans l'autre État sera en outre subordonné à l'accomplissement préalable, dans ce dernier, de la formalité du dépôt et de l'enregistrement[3] effectuée de la manière suivante :

Si l'ouvrage a paru pour la première fois en France, un exemplaire devra en être déposé gratuitement et enregistré, soit à Bruxelles, au ministère de l'intérieur, soit à Paris, à la chancellerie de la légation de S. M. le roi des Belges en France[4];

Si l'ouvrage a paru pour la première fois en Belgique, un exemplaire devra en être déposé gratuitement et enregistré, soit à Paris, à la direction de l'imprimerie, de la librairie

1. Voyez, p. 33, l'art. 5 de la loi du 25 janvier 1817. L'exception résultant de cet article 5 a été levée par l'art. 4 de la loi du 12 avril 1854 (p. 33, n. 3), qui l'a abrogé d'une manière générale.

2. Voyez la législation française, p. 7, art. 6, et p. 21, art. 4, et la législation belge, p. 34, art. 6.

3. Le dépôt de chaque ouvrage doit être accompagné d'une déclaration de dépôt, conforme au modèle adopté par les deux gouvernements (voyez p. 67).

4. Les bureaux de la chancellerie de la légation belge à Paris sont situés rue de la Pépinière, 97. Ils sont ouverts de midi à 2 heures.

et de la presse, au ministère de la police générale[1], soit à Bruxelles, à la chancellerie de la légation de France en Belgique;

Dans tous les cas, le dépôt et l'enregistrement devront être accomplis dans les trois mois qui suivront la publication de l'ouvrage dans l'autre pays pour les ouvrages publiés postérieurement à la mise en vigueur de la présente convention, et dans les trois mois qui suivront cette mise en vigueur pour les ouvrages publiés antérieurement[2].

A l'égard des ouvrages qui paraissent par livraisons, le délai de trois mois ne commencera à courir qu'à dater de la publication de la dernière livraison, à moins que l'auteur n'ait indiqué, conformément aux dispositions de l'art. 5, son intention de se réserver le droit de traduction, auquel cas chaque livraison sera considérée comme un ouvrage séparé.

La double formalité du dépôt et de l'enregistrement qui en sera fait sur des registres spéciaux tenus à cet effet ne donnera de part et d'autre ouverture à la perception d'aucune taxe, si ce n'est au remboursement des frais résultant de l'expédition[3], jusqu'à Bruxelles ou Paris respectivement, des livres, cartes, estampes ou publications musicales qui seraient déposés à la chancellerie de la légation de France en Belgique ou à la chancellerie de Belgique en France.

Les intéressés pourront se faire délivrer un certificat authentique du dépôt et de l'enregistrement; le coût de cet acte ne pourra dépasser 50 centimes[4].

Le certificat relatera la date précise à laquelle l'enregistrement et le dépôt auront eu lieu; il fera foi dans toute l'étendue des territoires respectifs et constatera le droit exclusif de propriété et de reproduction aussi longtemps que quelque autre personne n'aura pas fait admettre en justice un droit mieux établi.

Art. 3. Les stipulations de l'art. 1er s'appliqueront également à la représentation ou exécution des œuvres drama-

1. Actuellement au ministère de l'intérieur, bureau de la librairie, rue de Grenelle Saint-Germain, 99.

2. On fera attention à ce terme de trois mois fixé pour le dépôt valable des publications faites dans l'un des deux pays.

3. Ces frais ont été fixés d'un commun accord à un centime par feuille.

4. Le coût de ce certificat a été fixé à 50 c. par arrêtés des gouvernements français et belge. Il n'y a pas obligation de prendre ce certificat.

tiques ou musicales publiées ou représentées pour la première fois dans l'un des deux pays après la mise en vigueur de la présente convention [1].

Le droit des auteurs dramatiques ou compositeurs sera perçu d'après les bases qui seront arrêtées entre les parties intéressées; à défaut d'un semblable accord, le taux exigible de ce droit ne pourra respectivement dépasser les chiffres suivants :

	A Paris et à Bruxelles.	Dans les villes de 80,000 âmes et au-dessus.	Dans les villes de moins de 80,000 âmes.
Pour les pièces en 4 ou 5 actes.	18 f.	14 f.	9 f.
Pour les pièces en 3 actes. . .	14	10	8
Pour les pièces en 2 actes. . .	10	8	6
Pour les pièces en 1 acte. . . .	6	5	4

Toutefois, il est entendu que la perception des droits dont il s'agit au présent article ne pourra respectivement être réclamée qu'à dater du 31 janvier 1853 [2].

Art. 4. Sont expressément assimilées aux ouvrages originaux les traductions faites, dans l'un des deux États, d'ouvrages nationaux ou étrangers. Ces traductions jouiront, à ce titre, de la protection stipulée par l'art. 1er, en ce qui concerne leur reproduction non autorisée dans l'autre État. Il est bien entendu toutefois que l'objet du présent article est simplement de protéger le traducteur par rapport à la version qu'il a donnée de l'ouvrage original, et non pas de conférer le droit exclusif de traduction au premier traducteur d'un ouvrage quelconque, écrit en langue morte ou vivante, hormis le cas et les limites prévus par l'article ci-après.

Art. 5. L'auteur de tout ouvrage publié dans l'un des deux pays, qui aura entendu se réserver le droit de traduction, jouira pendant cinq années, à partir du jour de la pre-

1. On remarquera que la convention ne statue ici que pour l'avenir, c'est-à-dire pour les œuvres publiées ou représentées après le 12 mai 1854.

2. Par suite du retard qu'a éprouvé la mise en vigueur de la convention du 22 août 1852, le délai fixé au 31 janvier 1853 a été reporté au 13 juin 1854 par l'article additionnel du 27 février 1854 (p. 55).

mière publication de la traduction de son ouvrage autorisée par lui, du privilége de protection contre la publication, dans l'autre pays, de toute traduction du même ouvrage non autorisée par lui, et ce sous les conditions suivantes :

1° L'ouvrage original sera enregistré et déposé dans l'un des deux pays, dans un délai de trois mois, à partir du jour de la première publication dans l'autre pays, conformément aux dispositions de l'art. 2 précédent ;

2° Il faudra que l'auteur ait indiqué, en tête de son ouvrage[1], l'intention de se réserver le droit de traduction ;

3° Il faudra que ladite traduction ait paru, au moins en partie, dans le délai d'un an[2] à compter de la date de l'enregistrement et du dépôt de l'original, effectués ainsi qu'il vient d'être prescrit, et, en totalité, dans le délai de trois ans, à partir dudit dépôt ;

4° La traduction devra être publiée dans l'un des deux pays, et être elle-même enregistrée et déposée conformément aux dispositions de l'art. 2 précédent.

Pour les ouvrages publiés par livraisons, il suffira que la déclaration de l'auteur qu'il entend se réserver le droit de traduction soit exprimée dans la première livraison.

Toutefois, en ce qui concerne le terme de cinq ans assigné par cet article pour l'exercice du droit privilégié de traduction, chaque livraison sera considérée comme un ouvrage séparé ; chacune d'elles sera enregistrée et déposée dans l'un des deux pays, dans les trois mois à partir de sa première publication dans l'autre.

Relativement à la traduction des ouvrages dramatiques, l'auteur qui voudra se réserver le droit exclusif dont il s'agit au présent article devra faire paraître sa traduction trois mois[3] après l'enregistrement et le dépôt de l'ouvrage original.

1. Il faut avoir soin de mettre cette mention sur le titre de l'ouvrage.

2. On fera attention au terme d'un an fixé pour la publication au moins partielle de la traduction, à dater du dépôt de l'ouvrage, ce qui équivaut à quinze mois de la première publication, en ne déposant qu'au moment de l'expiration du délai de trois mois. Il ne s'agit ici que de la traduction dans la langue du pays, c'est-à-dire en flamand pour la Belgique et en français pour la France. Pour les traductions en d'autres langues, voyez la législation française, p. 6, n. 1, et la législation belge, p. 30, art. 12.

3. On remarquera que le terme n'est que de trois mois après le dépôt pour la traduction des ouvrages dramatiques, soit de

Art. 6. Les mandataires légaux ou ayants cause des auteurs, traducteurs, compositeurs, dessinateurs, peintres, sculpteurs, graveurs, lithographes, etc., jouiront, à tous égards, des mêmes droits que ceux que la présente convention accorde aux auteurs, traducteurs, compositeurs, dessinateurs, peintres, sculpteurs, graveurs et lithographes eux mêmes.

Art. 7. Nonobstant les stipulations des art. 1er et 4 de la présente convention, les articles extraits des journaux ou recueils périodiques publiés dans l'un des deux pays pourront être reproduits ou traduits dans les journaux ou recueils périodiques de l'autre pays, pourvu qu'on y indique la source à laquelle on les aura puisés.

Toutefois, cette permission ne s'étendra pas à la reproduction, dans l'un des deux pays, des articles de journaux ou de recueils périodiques publiés dans l'autre, lorsque les auteurs auront formellement déclaré, dans le journal ou le recueil même où ils les auront fait paraître, qu'ils en interdisent la reproduction. En aucun cas, cette interdiction ne pourra atteindre les articles de discussion politique.

Art. 8. L'introduction, la circulation, la vente et l'exposition dans chacun des deux États d'ouvrages ou objets de reproduction non autorisés (définis par les art. 1er, 3, 4 et 5 ci-dessus) sont prohibées, sauf ce qui est dit ci-après aux art. 13 et suivants[1], soit que lesdites reproductions non autorisées proviennent de l'un des deux pays, soit qu'elles proviennent d'un pays étranger quelconque.

Les dispositions qui précèdent s'appliqueront également aux livres expédiés en transit dans les limites et conditions fixées par la législation de chacun des deux États.

Art. 9. En cas de contravention aux dispositions des articles précédents, la saisie des objets de contrefaçon sera opérée, et les tribunaux appliqueront les peines déterminées par les législations respectives[2], de la même manière que si l'infraction avait été commise au préjudice d'un ouvrage ou d'une production d'origine nationale.

Les caractères constituant la contrefaçon seront déter-

six mois après la première publication de l'ouvrage, en ne déposant qu'au moment de l'expiration du délai de trois mois.

1. Il est question, dans les articles 13 et suivants, des réimpressions d'origine française ou belge faites avant la mise en vigueur de la convention (voyez p. 47).

2. Voyez la législation française, p. 7, 26 et 27, et la législation belge, p. 30, 33, 35 et 37.

minés par les tribunaux de l'un et de l'autre pays, d'après la législation en vigueur dans chacun des deux États.

Art. 10. Les livres d'importation licite venant de Belgique seront admis en France, tant à l'entrée qu'au transit direct ou par entrepôt, par les bureaux de Givet et Longwy, sans préjudice des autres bureaux qui leur sont déjà actuellement ouverts, ou qui pourraient le devenir par la suite[1].

Si les intéressés le désirent, les livres déclarés à l'entrée seront expédiés directement en France sur la direction de l'imprimerie, de la librairie et de la presse au ministère de la police générale[2], et en Belgique sur l'entrepôt de Bruxelles, pour y subir les vérifications nécessaires, qui auront lieu dans le plus bref délai possible.

Les certificats d'origine accompagnant les livres expédiés d'un pays dans l'autre seront délivrés dans la forme et par les autorités que chacun des deux gouvernements aura désignées à cet effet[3].

Art. 11. Dans le cas où un impôt de consommation viendrait à être établi sur le papier dans l'un des deux pays, il est bien entendu que cet impôt atteindrait proportionnellement les livres, papiers, estampes, gravures, lithographies, importés de l'autre pays, et qu'il s'ajouterait au droit normal d'entrée fixé à l'art. 18.

Néanmoins, en ce qui concerne les livres, la surtaxe ne sera éventuellement appliquée qu'à ceux qui auront été publiés dans l'un ou l'autre pays postérieurement à la création de l'impôt de consommation dont il s'agit.

Art. 12. Les dispositions de la présente convention ne pourront porter préjudice en quoi que ce soit au droit qui appartiendrait à chacune des deux hautes parties contractantes de permettre, de surveiller ou d'interdire, par des mesures de législation ou de police intérieure, la circulation, la représentation ou l'exposition de tout ouvrage ou produc-

1. Les autres bureaux ouverts à l'importation des livres en France sont : Lille, Valenciennes, Strasbourg, Les Rousses, Le Pont-de-Beauvoisin, Marseille, Le Havre, Bayonne et Bastia. Les bureaux belges ouverts à l'importation des livres en Belgique sont : Bruxelles, Quiévrain, Verviers, Anvers, Liége, Mons, Gand, Tournay, Ostende, Westwezel, Mouscron.

2. Actuellement au ministère de l'intérieur.

3. Voyez, pour l'exécution de cette disposition, l'art. 11 de l'arrêté belge du 12 avril 1854 (p. 63), et l'art. 12 du décret français du 19 avril 1854 (p. 60).

tion à l'égard desquels l'autorité compétente aurait à exercer ce droit.

Rien dans cette convention ne sera non plus considéré comme portant atteinte au droit de l'une ou de l'autre des deux hautes parties contractantes de prohiber l'importation dans ses propres États des livres qui, d'après ses lois intérieures ou des stipulations souscrites avec d'autres puissances, sont ou seraient déclarés être des contrefaçons.

Art. 13. Les deux gouvernements prendront, par voie de règlement d'administration publique, les mesures nécessaires[1] pour prévenir toute difficulté ou complication quant au passé, à raison de la possession et de la vente par les éditeurs, imprimeurs ou libraires français ou belges de réimpressions d'ouvrages de propriété belge ou française non tombés dans le domaine public, fabriqués ou importés par eux antérieurement à la mise en vigueur de la présente convention, ou actuellement[2] en cours de fabrication et de réimpression non autorisée.

Art. 14. Les éditeurs français et belges pourront publier les volumes ou livraisons nécessaires pour l'achèvement des ouvrages de reproduction non autorisée en cours de publication, dont une partie aurait déjà paru avant la date de la signature de la présente convention[3].

Pour prix de cette autorisation, l'éditeur belge ou français payera à l'éditeur original une indemnité qui est dès à présent fixée à 10 p. 100 du prix fort de chaque volume ou livraison en France ou en Belgique.

Dans aucun cas, le tirage des volumes ou livraisons à paraître ne pourra dépasser le chiffre le plus faible du tirage des volumes ou livraisons déjà parus.

Ces nouveaux volumes ne pourront être mis en vente qu'après que les conditions à déterminer, en vertu de l'art. 13, auront été dûment remplies.

Art. 15. Pour les revues ou recueils périodiques réimprimés jusqu'ici en France ou en Belgiuqe, les éditeurs

1. Ces mesures ont été prises par arrêté royal du 12 avril 1854 pour la Belgique (p. 60) et par décret impérial du 19 avril pour la France (p. 57).

2. Le mot *actuellement* doit s'entendre de la date du premier article additionnel du 27 février 1854 (voyez p. 55).

3. La date de l'article additionnel du 27 février 1854 a été substituée à celle du 22 août 1852 indiquée ici (voyez p. 55).

français ou belges sont autorisés à publier les livraisons destinées à compléter, jusqu'au 31 décembre 1852[1], les souscriptions de leurs abonnés, ainsi que les collections non vendues existant en magasin, sans indemnité au profit de l'éditeur original.

Art. 16. Les règlements d'administration publique mentionnés à l'art. 13[2] s'appliqueront également aux clichés, bois et planches gravées de toute sorte, ainsi qu'aux pierres lithographiques existant en magasin, chez les éditeurs ou imprimeurs français ou belges, et constituant une reproduction non autorisée de modèles belges ou français.

Il est accordé un délai d'un an[3] pour la reproduction, à l'aide de clichés des ouvrages imprimés ou en voie d'impression, au moyen de ce procédé, antérieurement à la mise en vigueur de la présente convention. Le nombre des exemplaires qui pourront être tirés pendant ce délai est limité à quinze cents.

Les éditeurs français ou belges qui voudront user de cette faculté payeront aux éditeurs belges ou français une indemnité fixée à 10 p. 100 du prix fort de chaque exemplaire en France ou en Belgique.

Il en sera de même pour les planches gravées de toute sorte et les lithographies publiées isolément; les éditeurs français ou belges pourront, aux mêmes conditions et dans le même délai que les propriétaires de clichés, en tirer un nombre d'exemplaires nouveaux également limité à quinze cents.

Il est d'ailleurs entendu que les éditeurs français ou belges qui voudraient profiter des dispositions qui précèdent ne pourront, dans aucun cas, mettre en vente les exemplaires de leurs clichés, bois, planches gravées ou lithographiées, imprimés ou tirés après la mise en vigueur de la présente convention, sans avoir préalablement satisfait aux prescriptions des règlements mentionnés à l'art. 13[4].

Quant aux bois, planches gravées et lithographiées destinés à orner le texte d'un livre imprimé, il est accordé aux

1. La date du 30 juin 1854 a été substituée à cette date par l'article additionnel du 27 février 1854 (voyez p. 55).

2. Voyez ces règlements, pages 57 et suivantes.

3. Ce terme d'un an court de la mise en vigueur de la convention, c'est-à-dire du 12 mai 1854 (voyez p. 55).

4. Voyez ces règlements, pages 57 et suivantes.

éditeurs français ou belges un délai de deux ans[1] pour faire tirer les épreuves nécessaires pour compléter les volumes du texte imprimé sans indemnité au profit de l'éditeur original.

Art. 17. Il demeure formellement entendu que les stipulations des art. 13, 14, 15 et 16 ne seront obligatoires pour les parties intéressées qu'autant qu'elles n'y auront pas dérogé par des conventions particulières, intervenues d'un commun accord avant ou après la conclusion de la présente convention.

Art. 18. Pendant la durée de la présente convention, les droits actuellement établis à l'importation licite par terre ou par mer dans le royaume de Belgique, des livres, papiers de toutes sortes, autres que les papiers de tenture, estampes, gravures, musique, lithographies, cartes géographiques ou marines, planches gravées, publiées dans toute l'étendue du territoire de la République française, ainsi que des caractères et d'encre destinés à l'impression, demeureront réduits et fixés au taux ci-après[2] :

	Par 100 kil.
Livres en langue française en feuilles, brochés, cartonnés ou reliés.	10 f. » c.
Papiers de toute espèce, blanc, gris, bleu, à l'usage des raffineries de sucre, et tous autres papiers, sauf ceux compris sous les rubriques ci-après, et à l'exception aussi des papiers de tenture et des papiers gaufrés, moirés ou représentant des dessins en relief.	12 50
Papier colorié ou maroquiné.	9 »
Papier rayé pour musique. . . . . . } Papier destiné à la fabrication des cartes à jouer. . . . . } Carton en feuilles . . . . }	4 50

1. Ce terme de deux ans court de la date de la mise en vigueur de la convention, c'est-à-dire du 12 mai 1854 (voyez p. 55).

2. Les droits suivants établis à l'importation en Belgique, n'ayant pas été modifiés, sont maintenus : ouvrages en langues mortes ou étrangères, en feuilles ou brochés, 31 fr. 80 c. par 100 kil.; reliés ou cartonnés, 42 fr. 40 c.

Estampes.		
Gravures.		
Lithographies.		
Cartes géographiques ou marines. . . .	10	»
Musique..		
Planches gravées, destinées à l'impression sur papier autre que du papier de tenture.		
Caractères d'imprimerie neufs ou clichés. .	15	»
Encre d'imprimerie	2	»

Les droits établis à l'importation licite, par terre ou par mer, dans le territoire de la République française, des livres, papiers de toute sorte autre que les papiers de tenture, estampes, gravures, musique, lithographies, cartes géographiques ou marines, planches gravées, publiées dans toute l'étendue du royaume de Belgique, ainsi que des caractères et d'encre destinés à l'impression, demeureront réduits et fixés aux taux ci-après[1] :

	Par 100 kil.	
Livres en langue française, brochés, cartonnés ou reliés.	20 f.	» c.
Papier de toute espèce, blanc rayé pour musique, à pâte de couleur, colorié ou maroquiné et tous autres, hormis les papiers de tenture et le papier gaufré, moiré ou représentant des dessins en relief. . . .	25	»
Carton en feuilles.		
Estampes.		
Gravures.		
Lithographies.		
Cartes géographiques ou marines.	20	»
Musique		
Planches gravées, destinées à l'impression sur papier autre que du papier de tenture.		
Caractères d'impression neufs ou clichés. . .	30	»
Encre d'imprimerie..	25	»

1. Les droits suivants établis à l'importation en France, n'ayant pas été modifiés, sont maintenus : livres en langue française en feuilles : ouvrages du domaine public, 160 fr. par 100 kil.; autres ouvrages, 107 fr. 50 c.; ouvrages en langues mortes ou étrangères (excepté les almanachs), 11 fr.

Il est convenu que le taux des droits ci-dessus spécifiés ne sera augmenté, pendant la durée de la présente convention, ni en France ni en Belgique.

Art. 19. La présente convention restera en vigueur pendant dix années à partir du 1er janvier prochain[1], et, dans le cas où aucune des deux parties n'aurait notifié, douze mois avant l'expiration de ladite période de dix années, son intention d'en faire cesser les effets, la convention continuera à rester en vigueur encore une année, et ainsi de suite d'année en année, jusqu'à l'expiration d'une année à partir du jour où l'une ou l'autre des parties l'aura dénoncée.

Art. 20. La présente convention sera ratifiée et les ratifications en seront échangées à Paris, le dix décembre prochain, ou plus tôt si faire se peut[2].

En foi de quoi, les plénipotentiaires respectifs l'ont signée et y ont apposé le cachet de leurs armes.

Fait à Paris, le vingt-deuxième jour du mois d'août de l'an de grâce mil huit cent cinquante-deux.

DROUYN DE LHUYS. FIRMIN ROGIER. LIEDTS.

Déclaration.

Au moment de signer la convention pour la garantie réciproque de la propriété littéraire et artistique, les plénipotentiaires soussignés sont mutuellement convenus de ce qui suit :

1° Les règlements d'administration publique sous forme de décrets présidentiels ou d'arrêtés royaux qui sont mentionnés dans l'art. 13 de la convention littéraire et artistique, en date de ce jour, comprendront les dispositions suivantes[3] :

A. Il sera procédé, par les soins du gouvernement français ou belge, immédiatement après la mise en vigueur de la

1. La date de la mise en vigueur de la convention (12 mai 1854) a été substituée à cette date par l'article additionnel du 27 février 1854 (voyez p. 55).

2. La ratification n'a pu avoir lieu que le 12 avril 1854.

3. Voyez l'arrêté belge du 12 avril 1854 (p. 60) et le décret français du 19 avril 1854 (p. 57).

présente convention et simultanément, autant que possible, chez tous les libraires, éditeurs et imprimeurs, à l'inventaire de tous les livres publiés ou en cours de publication, en Belgique ou en France, d'après des ouvrages originairement édités en France ou en Belgique et non encore tombés dans le domaine public.

B. Dans un délai de trois mois, à dater du moment de l'échange des ratifications de la convention en date de ce jour, et sauf prolongation en cas d'impossibilité matérielle[1], l'administration française ou belge fera apposer gratuitement par ses délégués un timbre uniforme sur tous les ouvrages inventoriés chez chaque libraire détaillant. Quant aux éditeurs, un compte leur sera ouvert pour chaque ouvrage publié par eux, ou dont ils auront acquis la propriété, d'après l'inventaire général des ouvrages, brochés ou non, qu'ils possèdent en magasin, et les timbres seront délivrés pour chacun des ouvrages, sur la demande desdits éditeurs, au fur et à mesure de leurs besoins, jusqu'à concurrence du nombre d'exemplaires porté à leur compte dans l'inventaire général.

C. Après l'expiration du délai mentionné au paragraphe précédent pour l'apposition du timbre, toute réimpression non autorisée de livres français ou belges, brochés ou en feuilles, mis en vente ou expédiés par l'éditeur, sera passible de saisie si elle n'est pas revêtue du timbre, et, en ce qui concerne les détaillants, toute réimpression non autorisée et dépourvue de timbre, dont, à partir de la même époque, ils seront trouvés détenteurs, pourra être saisie et confisquée.

Toute reproduction frauduleuse ou falsification des timbres sera passible des peines édictées par le code pénal des deux pays.

D. L'apposition des timbres ne pourra faire obstacle, en France ou en Belgique, à l'importation des livres qui auraient été soumis à cette formalité, lorsque cette importation se fera du gré des auteurs et éditeurs français ou belges intéressés, ou que l'ouvrage original sera tombé dans le domaine public.

1. Ce délai expire le 12 juillet 1854 pour la Belgique (voy. p. 61, art. 3), et le 19 juillet pour la France (voy. p. 58, art. 3).

E. En ce qui concerne les ouvrages en cours de publication mentionnés dans l'art. 14 de la convention, les éditeurs belges ou français seront tenus, dans les dix jours qui suivront la mise en vigueur du traité en date de ce jour[1], de faire le dépôt, pour la France, au ministère de la police générale, à Paris, ou à la chancellerie de la légation de France à Bruxelles, et, pour la Belgique, au ministère de l'intérieur, à Bruxelles, ou à la chancellerie de la légation belge à Paris, d'un exemplaire de tous les volumes ou livraisons parus des ouvrages dont il s'agit. Ce dépôt sera accompagné d'une déclaration du nombre des exemplaires tirés pour chaque volume ou livraison, soit en une, soit en plusieurs éditions.

F. Les nouveaux volumes mentionnés à l'art. 14 de la convention ne pourront respectivement être mis en vente qu'après que les conditions du dépôt et l'apposition des timbres spéciaux auront été remplies, et la délivrance de ces timbres par les administrations respectives sera subordonnée à l'acquittement de l'indemnité de 10 p. 100 due à l'éditeur français ou belge.

G. Les clichés, bois et planches gravées de toute sorte, ainsi que les pierres lithographiques existant en magasin chez les éditeurs ou imprimeurs français ou belges, constituant une reproduction non autorisée de modèles belges ou français, seront également inventoriés par les soins du gouvernement.

Les impressions, gravures ou lithographies, qu'elles soient isolées, fassent partie de collections ou appartiennent à des corps d'ouvrages, qui seront produites ou tirées à l'aide de ces clichés, bois, planches gravées ou pierres lithographiques, ne pourront respectivement être mises en vente qu'après avoir été munies du timbre mentionné *sub litt. B*, et après payement de l'indemnité de 10 p. 100 due à l'éditeur français ou belge, sauf ce qui est dit au dernier paragraphe de l'art. 16 de la convention littéraire.

2° Les règlements d'administration publique précités seront respectivement promulgués en même temps que la convention spéciale d'où ils découlent : ils demeureront obligatoires pendant toute la durée de celle-ci.

1. La mise en vigueur est du 12 mai 1854.

3° Les deux gouvernements s'engagent l'un vis-à-vis de l'autre :

a. A échanger le texte de ces règlements en même temps que les ratifications de l'arrangement signé à la date de ce jour;

b. A se communiquer en copie authentique, dès qu'il sera achevé, l'inventaire général des ouvrages de toute nature reproduits sans autorisation des ayants droit respectifs, qui existent actuellement dans les magasins particuliers de l'un ou l'autre pays.

Fait à Paris, le vingt-deuxième jour du mois d'août de l'an de grâce mil huit cent cinquante-deux.

DROUYN DE LHUYS. FIRMIN ROGIER. LIEDTS.

Art. 2. Notre garde des sceaux, ministre et secrétaire d'État au département de la justice, et notre ministre et secrétaire d'État au département des affaires étrangères sont chargés, chacun en ce qui le concerne, de l'exécution du présent décret.

Fait à Paris, le 13 avril 1854.

NAPOLÉON.

Par l'empereur :

Le ministre des affaires étrangères,

DROUYN DE LHUYS.

Article additionnel, du 27 février 1854, à la convention littéraire et artistique du 22 août 1852.

NAPOLÉON, par la grâce de Dieu et la volonté nationale, empereur des Français,

A tous présents et à venir, salut :

Sur le rapport de notre ministre secrétaire d'État au département des affaires étrangères,

Avons décrété et décrétons ce qui suit :

Art. 1er. L'article additionnel aux conventions conclues, le 22 août 1852, entre la France et la Belgique, ayant été ratifié par les deux gouvernements contractants, et les actes des ratifications respectives ayant été échangés le 12 du présent mois d'avril, ledit article additionnel, dont la teneur suit, recevra sa pleine et entière exécution.

Article additionnel.

L'échange des ratifications des conventions, l'une littéraire, l'autre commerciale, signées entre la Belgique et la France le 22 août 1852, ayant été, de commun accord, ajourné jusqu'à ce qu'il intervînt un traité de commerce définitif entre les deux pays, et cet événement s'étant réalisé aujourd'hui, les dispositions suivantes ont été arrêtées entre les hautes parties contractantes :

La perception des droits d'auteur pour la représentation ou exécution des œuvres dramatiques ou musicales (art. 3 *in fine*) ne pourra respectivement être réclamée qu'à dater du trente et unième jour après la mise à exécution de la convention littéraire.

Le terme *actuellement* employé à l'art. 13 de la même convention, s'entendra de la date du présent article additionnel.

La même date est substituée à celle du 22 août 1852, dans le cas prévu par l'art. 14.

Pour les revues ou recueils périodiques réimprimés jusqu'ici en France ou en Belgique (art. 15), les éditeurs français ou belges seront autorisés à publier les livraisons destinées à compléter, jusqu'au 30 juin 1854, les souscriptions de leurs abonnés, ainsi que les collections non vendues existant en magasin, sans indemnité au profit de l'auteur original.

Les délais d'un et de deux ans laissés par l'art. 16 pour la reproduction, à l'aide de clichés, des ouvrages imprimés ou en voie d'impression et pour le tirage des bois, planches gravées et lithographiées, courront à partir de la mise en vigueur de la convention.

Il est entendu que les deux conventions du 22 août 1852 entreront en vigueur à la même date que le traité de commerce signé aujourd'hui entre les hautes parties contractantes, et que le terme de dix années pour lequel elles ont été conclues courra à partir de leur mise à exécution[1].

1. La mise en vigueur des deux conventions a eu lieu le 12 mai 1854.

Le présent article additionnel aura la même force et valeur que s'il était inséré mot pour mot dans le texte même des conventions du 22 août 1852.

En foi de quoi les plénipotentiaires respectifs l'ont signé et y ont apposé le cachet de leurs armes.

Fait à Bruxelles, en double original, le vingt-septième jour du mois de février de l'an de grâce mil huit cent cinquante-quatre.

AD. BARROT. H. DE BROUCKÈRE.

Art. 2. Notre ministre secrétaire d'État au département des affaires étrangères est chargé de l'exécution du présent décret.

Fait à Paris, le 13 avril 1854.

NAPOLÉON.

Par l'empereur :
Le ministre des affaires étrangères,
DROUYN DE LHUYS.

Déclaration additionnelle, du 12 avril 1854, relative à la convention littéraire et artistique du 22 août 1852.

NAPOLÉON, par la grâce de Dieu et la volonté nationale, empereur des Français,

A tous présents et à venir, salut :

Ayant vu et examiné la déclaration signée, le 12 du présent mois d'avril, par notre envoyé extraordinaire et ministre plénipotentiaire à Bruxelles et le plénipotentiaire de S. M. le roi des Belges, et les deux gouvernements contractants ayant approuvé cette déclaration, dont la teneur suit :

Déclaration.

Au moment de procéder à l'échange des ratifications de la convention littéraire conclue entre les deux pays le 22 août 1852, les plénipotentiaires soussignés sont convenus que leurs gouvernements respectifs prendront les mesures nécessaires pour interdire l'entrée sur leurs territoires des ouvrages que des éditeurs français ou belges auraient acquis le droit de réimprimer avec la réserve que ces réimpressions ne seraient autorisées que pour la vente en France ou en Belgique et sur des marchés tiers. Les ouvrages auxquels cette disposition sera applicable devront porter sur leurs titre et couverture les mots : « Édition interdite en Belgique (en France) et autorisée pour la France (la Belgique) et l'étranger. »

Fait à Bruxelles, en double original, le 12 avril 1854.

A. BARROT. H. DE BROUCKÈRE.

Nous avons décrété et décrétons :

Art 1er. La susdite déclaration est ratifiée et recevra sa pleine et entière exécution.

Art. 2. Notre ministre secrétaire d'État au département des affaires étrangères est chargé de l'exécution du présent décret.

Fait à Paris, le 13 avril 1854.

NAPOLÉON.

Par l'empereur :

Le ministre des affaires étrangères,

DROUYN DE LHUYS.

Règlement d'administration publique rendu par le gouvernement français pour l'exécution de la convention du 22 août 1852 (19 avril 1854).

NAPOLÉON, par la grâce de Dieu et la volonté nationale, empereur des Français,

A tous présents et à venir, salut :

Sur le rapport de notre ministre secrétaire d'Etat au département de l'intérieur;

Vu la convention littéraire conclue le 22 août 1852 entre la France et la Belgique, et notamment les articles 10, 13, 14, 15, 16 et 17 ;

Vu la déclaration en date du même jour annexée à ladite convention ;

Vu l'article additionnel en date du 27 février 1854;

Notre conseil d'État entendu,

Avons décrété et décrétons ce qui suit :

Art. 1er. Immédiatement après la mise en vigueur de la convention du 22 août 1852, il sera procédé, par les soins de notre ministre secrétaire d'État au département de l'intérieur, chez tous les libraires, éditeurs et imprimeurs, à l'inventaire de tous les livres publiés ou en cours de publication en France d'après des ouvrages originairement édités en Belgique et non encore tombés dans le domaine public.

Art. 2. Dans un délai de trois mois à dater du jour de la publication du présent règlement, sauf prolongation en cas d'impossibilité matérielle, il sera apposé gratuitement, par les délégués de notre ministre secrétaire d'État au département de l'intérieur, un timbre uniforme sur tous les ouvrages inventoriés chez chaque libraire détaillant. Quant aux éditeurs, un compte leur sera ouvert au ministère de l'intérieur pour chaque ouvrage publié par eux ou dont ils auront acquis la propriété, d'après l'inventaire général des ouvrages, brochés ou non, qu'ils possèdent en magasin.

Les timbres seront apposés pour chacun des ouvrages, sur la demande desdits éditeurs, au fur et à mesure de leurs besoins, jusqu'à concurrence du nombre d'exemplaires porté à leur compte dans l'inventaire général mentionné à l'art. 1er.

Art. 3. Après l'expiration du délai mentionné à l'art. 2 pour l'apposition du timbre, toute réimpression non autorisée de livres belges brochés ou en feuilles, mise en vente ou expédiée par l'éditeur, sera passible de saisie si elle n'est pas revêtue du timbre; et, en ce qui concerne les détaillants, toute réimpression non autorisée et dépourvue du timbre dont, à partir de la même époque, ils seront trouvés détenteurs, pourra être saisie et confisquée.

Art. 4. Toute contrefaçon, falsification ou tout usage frauduleux des timbres sera passible des peines portées par les art. 142 et 143 du code pénal.

Art. 5. En ce qui concerne les ouvrages en cours de publication, mentionnés dans l'art. 14 de la convention[1], les éditeurs français seront tenus, dans les dix jours qui sui-

1. Voyez, p. 47, l'article 14.

vront la mise en vigueur du traité, de faire le dépôt, au ministère de l'intérieur à Bruxelles, ou à la chancellerie de la législation belge à Paris, d'un exemplaire de tous les volumes ou livraisons parus des ouvrages dont il s'agit. Ce dépôt sera accompagné d'une déclaration du nombre des exemplaires tirés pour chaque volume ou livraison, soit en une, soit en plusieurs éditions.

Art. 6. Les nouveaux volumes mentionnés à l'art. 14 de la convention ne pourront être mis en vente qu'après que les conditions de dépôt et de l'apposition des timbres spéciaux auront été remplies. L'apposition de ces timbres par les délégués de notre ministre secrétaire d'État au département de l'intérieur sera subordonnée à l'acquittement de l'indemnité de 10 p. 100 due à l'éditeur belge.

Art. 7. Les clichés, bois et planches gravés de toute sorte, ainsi que les pierres lithographiques existant en magasin chez les éditeurs ou imprimeurs français, constituant une reproduction non autorisée des modèles belges, seront également inventoriés par les soins du département de l'intérieur.

Art. 8. Les impressions, gravures ou lithographies, qu'elles soient isolées, qu'elles fassent partie de collections ou qu'elles appartiennent à des corps d'ouvrages, qui seront produites ou tirées à l'aide de ces clichés, bois, planches gravées ou pierres lithographiques, ne pourront être mises en vente qu'après avoir été revêtues du timbre spécial, et après payement de l'indemnité de 10 p. 100 due à l'éditeur belge, sauf le délai de deux ans accordé par le dernier paragraphe de l'art. 16 de la convention, afin de faire tirer les épreuves nécessaires pour compléter les volumes du texte imprimé, sans indemnité au profit de l'éditeur original.

Art. 9. L'importation de Belgique en France des livres de réimpression non autorisée, qui auront été soumis à la formalité du timbre, ne pourra être effectuée qu'avec le consentement des auteurs et éditeurs français intéressés, ou lorsque l'ouvrage original sera tombé dans le domaine public.

Art. 10. Aucun ouvrage imprimé en Belgique, et portant sur le titre ou la couverture la mention : *Édition autorisée pour la Belgique et l'étranger,* ne pourra être introduit en France, sous les peines portées par les lois.

Art. 11. Les livres d'importation licite venant de Belgique seront admis en France, conformément au premier paragraphe de l'art. 10 de la convention, tant à l'entrée qu'au transit direct ou par entrepôt, par les bureaux de Givet et de Longwy, sans préjudice des autres bureaux déjà actuellement ouverts, et qui sont ceux de Lille, Valenciennes, Strasbourg, les Rousses, le Pont-de-Beauvoisin, Marseille, le Havre, Bayonne et Bastia.

Art. 12. Le certificat d'origine prescrit par le dernier paragraphe de l'art. 10 précité sera souscrit par l'expéditeur, confirmé et dûment légalisé par l'autorité administrative du lieu de l'expédition[1].

Art. 13. Nos ministres secrétaires d'État aux départements des affaires étrangères, des finances et de l'intérieur sont chargés, chacun en ce qui le concerne, de l'exécution du présent décret.

Fait au palais des Tuileries, le 19 avril 1854.

NAPOLÉON.

Par l'empereur :

Le ministre secrétaire d'État au département de l'intérieur,

F. DE PERSIGNY.

1er Règlement d'administration publique rendu par le gouvernement belge pour l'exécution de la convention du 22 août 1852 (12 avril 1854).

LÉOPOLD, roi des Belges,

A tous présents et à venir, salut :

Vu les articles 10, 13, 14 et 16 de la convention littéraire conclue le 22 août 1852 entre la Belgique et la France;

Vu la déclaration en date du même jour insérée à la suite de la convention,

Vu la loi du 12 avril 1854, portant approbation de la convention;

Vu la loi du 25 janvier 1817;

1. Ce certificat est confirmé et légalisé en Belgique par le bourgmestre du lieu de l'expédition pour les envois faits en France (voyez le modèle de ce certificat, p. 68).

Sur le rapport et la proposition de nos ministres des affaires étrangères, de l'intérieur et des finances,

Nous avons arrêté et arrêtons :

Art 1er. Immédiatement après la mise en vigueur de la convention, il sera procédé, par les soins de notre ministre de l'intérieur, chez tous les libraires, éditeurs et imprimeurs, à l'inventaire de tous les livres publiés ou en cours de publication en Belgique d'après des ouvrages originairement édités en France et non encore tombés dans le domaine public.

Art. 2. Dans un délai de trois mois à dater de ce jour, sauf prolongation en cas d'impossibilité matérielle, il sera apposé gratuitement, par les délégués de notre ministre de l'intérieur, un timbre uniforme sur tous les ouvrages inventoriés chez chaque libraire détaillant.

Quant aux éditeurs, un compte leur sera ouvert au ministère de l'intérieur pour chaque ouvrage publié par eux ou dont ils auront acquis la propriété, d'après l'inventaire général des ouvrages, brochés ou non, qu'ils possèdent en magasin.

Les timbres seront apposés pour chacun des ouvrages, sur la demande desdits éditeurs, au fur et à mesure de leurs besoins, jusqu'à concurrence du nombre d'exemplaires porté à leur compte dans l'inventaire général mentionné à l'art. 1er.

Art. 3. Après l'expiration du délai mentionné à l'art. 2 pour l'apposition du timbre, toute réimpression non autorisée de livres français brochés ou en feuilles, mis en vente ou expédiés par l'éditeur, sera passible de saisie, si elle n'est pas revêtue du timbre ; et, en ce qui concerne les détaillants, toute réimpression non autorisée et dépourvue de timbre, dont, à partir de la même époque, ils seront trouvés détenteurs, pourra être saisie et confisquée.

Art. 4. Toute reproduction frauduleuse ou falsification des timbres sera passible des peines édictées par le code pénal.

Art. 5. En ce qui concerne les ouvrages en cours de publication, mentionnés dans l'art. 14 de la convention[1], les éditeurs belges seront tenus, dans les dix jours qui suivront la mise en vigueur du traité, de faire le dépôt, au ministère

1. Voyez, p. 47, l'article 14.

de la police générale à Paris[1], ou à la chancellerie de la légation de France à Bruxelles, d'un exemplaire de tous les volumes ou livraisons parus des ouvrages dont il s'agit. Le dépôt sera accompagné d'une déclaration du nombre des exemplaires tirés pour chaque volume ou livraison, soit en une, soit en plusieurs éditions.

Art. 6. Les nouveaux volumes mentionnés à l'art. 14 de la convention ne pourront être mis en vente qu'après que les conditions de dépôt et de l'apposition des timbres spéciaux auront été remplies. L'apposition de ces timbres par les délégués de notre ministre de l'intérieur sera subordonnée à l'acquittement de l'indemnité de 10 p. 100 due à l'éditeur français.

Art. 7. Les clichés, bois et planches gravés de toute sorte, ainsi que les pierres lithographiques existant en magasin chez les éditeurs ou imprimeurs belges, constituant une reproduction non autorisée de modèles français, seront également inventoriés par les soins du département de l'intérieur.

Art. 8. Les impressions, gravures ou lithographies, qu'elles soient isolées, fassent partie des collections ou appartiennent à des corps d'ouvrages, qui seront produites ou tirées à l'aide de ces clichés, bois, planches gravées ou pierres lithographiques, ne pourront être mises en vente qu'après avoir été revêtues du timbre spécial, et après payement de l'indemnité de 10 p. 100 due à l'éditeur français, sauf le délai de deux ans accordé par le dernier paragraphe de l'art. 16 de la convention, afin de faire tirer les épreuves nécessaires pour compléter les volumes du texte imprimé, sans indemnité au profit de l'éditeur original.

Art. 9. Quant aux livres de réimpression non autorisée ou expédiés de Belgique à l'étranger avant la mise en vigueur de la convention et réimportés postérieurement à cette mise en vigueur, l'apposition des timbres sera effectuée au bureau d'entrée par les soins de la douane.

Art. 10. L'importation de France en Belgique des livres de réimpression non autorisée, qui auront été soumis à la formalité du timbre, pourra être effectuée avec le consentement toutefois des auteurs et éditeurs belges intéressés, ou

1. Actuellement au ministère de l'intérieur.

lorsque l'ouvrage original sera tombé dans le domaine public.

Art. 11. Le certificat d'origine prescrit par le dernier paragraphe de l'art. 10 de la convention sera souscrit par l'expéditeur, confirmé et dûment légalisé par l'autorité administrative du lieu de l'expédition[1].

Art. 12. Les ouvrages que des éditeurs français avaient acquis le droit de réimprimer avec la réserve que ces réimpressions ne sont autorisées que pour la vente en France et sur des marchés tiers, et portant sur leurs titre et couverture les mots : « Édition interdite en Belgique et autorisée pour la France et l'étranger, » ne pourront être importés en Belgique sous les peines édictées par la loi du 25 janvier 1817[2].

Art. 13. Nos ministres des affaires étrangères, de l'intérieur et des finances sont chargés, chacun en ce qui le concerne, de l'exécution du présent arrêté.

Donné à Bruxelles, le 12 avril 1854.

LÉOPOLD.

Par le roi :

Le ministre des affaires étrangères,

H. DE BROUCKÈRE.

Le ministre de l'intérieur,

E. PIERCOT.

Le ministre d'État, gouverneur du Brabant, chargé temporairement du département des finances,

LIEDTS.

2e Règlement d'administration publique rendu par le gouvernement belge pour l'exécution de la convention du 22 août 1852 (25 avril 1854).

Le ministre de l'intérieur.

Vu l'arrêté royal en date du 12 avril 1854, pris en exécution de la convention littéraire conclue entre la Belgique et la France le 22 août 1852 ;

1. Ce certificat est confirmé et légalisé en France par le chef du bureau de la librairie à Paris et par le préfet ou son délégué dans les départements pour les envois faits en Belgique (voyez le modèle de ce certificat, p. 68).

2. Voyez, p. 32, la loi du 25 janvier 1817.

Arrête :

Art. 1er. MM. les libraires, éditeurs et imprimeurs sont invités à dresser l'inventaire de tous les livres publiés ou en cours de publication, d'après des ouvrages originairement édités en France, non encore tombés dans le domaine public, et existant dans leurs magasins, ou qu'ils ont en dépôt en pays étranger.

Art. 2. Les ouvrages publiés et les ouvrages en cours de publication seront inscrits dans des inventaires distincts.

Ces inventaires, dressés conformément aux modèles *A* et *B* et certifiés exacts, seront transmis au ministère de l'intérieur avant le 12 juin prochain.

Art. 3. A l'exception des ouvrages pour lesquels, conformément à l'article 2 de l'arrêté royal du 12 avril 1854[1], un compte doit être ouvert aux éditeurs, et sauf les cas prévus aux articles 4, 5 et 8 ci-dessous, l'apposition du timbre mentionné dans ledit arrêté aura lieu par les agents spéciaux commissionnés à cet effet, immédiatement après la transmission des inventaires.

Art. 4. Les libraires détaillants sont dispensés de porter sur leur inventaire les ouvrages dont ils ne possèdent qu'*un seul exemplaire*, à condition d'y faire apposer le timbre dans le mois qui suivra la mise en vigueur de la convention.

Art. 5. Les éditeurs et marchands d'estampes et de musique sont dispensés de faire l'inventaire des ouvrages qu'ils possèdent en magasin, sans limitation de nombre d'exemplaires, à la condition de les faire timbrer dans le délai déterminé à l'article précédent.

Art. 6. Les possesseurs de clichés, bois et planches gravées de toutes sortes, ainsi que de pierres lithographiques, constituant une reproduction non autorisée de modèles français, sont également invités à en fournir l'inventaire.

Cet inventaire, dressé d'après les modèles *C*, *D*, *E* et certifié exact, sera transmis au ministère de l'intérieur avant le 12 juin prochain.

Art. 7. Les intéressés auront la faculté de faire estampiller les ouvrages, sans déplacement.

1. Voyez, p. 60, l'arrêté royal du 12 avril 1854.

Le timbre sera apposé : pour les livres, sur le titre ou le faux titre de chaque volume; pour les œuvres de musique, sur le titre; et pour les estampes, au-dessous de la lettre ou au revers de l'épreuve, au choix de l'intéressé.

Art. 8. L'apposition du timbre sur les impressions, gravures ou lithographies, tirées à l'aide des clichés, bois, planches gravées ou pierres lithographiques, dont il s'agit dans l'article 8 de l'arrêté royal du 12 avril 1854, aura lieu sur la demande spéciale des intéressés.

Cette demande, adressée au ministre de l'intérieur, sera accompagnée de la quittance dûment légalisée, constatant le payement de l'indemnité de dix pour cent exigée par l'article 16 de la convention.

Il sera procédé de la même manière en ce qui concerne les ouvrages en cours de publication, mentionnés à l'article 6 de l'arrêté royal du 12 avril 1854.

Art. 9. Les dispositions du présent arrêté sont également applicables aux reproductions non autorisées d'ouvrages français, importées en Belgique d'un pays étranger, et qui se trouvent dans les magasins d'un libraire ou éditeur belge.

Bruxelles, le 25 avril 1854.

F. PIERCOT.

3e Règlement additionnel d'administration publique rendu par le gouvernement belge pour l'exécution de la convention du 22 août 1852 (9 mai 1854).

LÉOPOLD, roi des Belges,

A tous présents et à venir, salut.

Vu les articles 2 et 5 de la convention littéraire conclue entre la Belgique et la France le 22 août 1852;

Vu la loi du 12 avril 1854;

Sur la proposition de nos ministres de l'intérieur et des affaires étrangères,

Nous avons arrêté et arrêtons :

Art. 1er. Les ouvrages présentés au dépôt légal, conformément aux stipulations contenues dans la convention littéraire conclue entre la Belgique et la France le 22 août 1852, seront accompagnés d'une déclaration souscrite par le déposant, et qui indiquera notamment la date de la publication de l'ouvrage et du dépôt dans le pays d'origine.

Art. 2. Les dépôts seront inscrits sur des registres spéciaux et uniformes, dont le modèle sera déterminé par notre ministre de l'intérieur[1].

Art. 3. Le coût du certificat authentique du dépôt et de l'enregistrement est fixé à 50 centimes.

Le produit en sera versé au ministère de l'intérieur et à notre légation de Paris respectivement entre les mains du chef du bureau de la librairie et du chancelier de la légation.

Les sommes provenant de ces encaissements seront versées au trésor.

Art. 4. Les ouvrages de toute nature provenant de ce dépôt légal seront conservés à la bibliothèque royale, où ils formeront une collection distincte et séparée des autres collections de cet établissement.

Des mesures spéciales seront prises par notre ministre de l'intérieur pour assurer la bonne conservation de ces ouvrages.

Art. 5. Nos ministres de l'intérieur et des affaires étrangères sont chargés, chacun en ce qui le concerne, de l'exécution du présent arrêté.

Donné à Laeken, le 9 mai 1854.

LÉOPOLD.

Par le roi :
Le ministre de l'intérieur,
F. PIERCOT.

Le ministre des affaires étrangères,
H. DE BROUCKÈRE.

1. Voyez, p. 67, le modèle de déclaration de dépôt.

Modèle de la déclaration de dépôt.

N° D'ENREGISTREMENT. **CONVENTION FRANCO-BELGE.**

DÉCLARATION DE DÉPOT.

Je soussigné
demeurant à
(*ou représentant de M*)
déclare déposer un exemplaire de l'ouvrage désigné ci-dessous :

Titre :

Noms { *de l'auteur :*
de l'imprimeur :

Édition :

Format :

Nombre de feuilles :

Nombre ou désignation des volumes :

Date { *du dépôt en France* (*ou en Belgique*) *:*
de la publication :

A *le* 185

S'il s'agit d'une estampe, on indique au titre le sujet et on ajoute le procédé de reproduction (gravure sur cuivre, gravure sur acier, gravure sur bois, eau-forte, lithographie, photographie, etc.); s'il s'agit d'une œuvre de musique, on mentionne son genre, ainsi que les noms du compositeur et de l'auteur des paroles.

Modèle du certificat d'origine.

CONVENTION FRANCO-BELGE.

CERTIFICAT D'ORIGINE.

Je soussigné
demeurant à (*France* ou *Belgique*)
déclare que les ouvrages désignés ci-après, savoir :

N° D'ORDRE.	TITRES DES OUVRAGES.	NOMBRE D'EXEMPLAIRES.	NOMBRE ET MARQUE DES COLIS.

sont expédiés de France en Belgique (ou *de Belgique en France*) *par le bureau de*
à M

J'affirme, en outre, que cet envoi ne comprend que des ouvrages de propriété française (ou *belge*), *en édition originale, ou du domaine public.*

Le 185

Vu par nous (l'autorité administrative désignée en France ou en Belgique pour confirmer et légaliser le certificat, voy. p. 60 et 63.)

Les bureaux de douane ouverts à l'importation des livres en France sont : Lille, Valenciennes, Givet, Longwy, Strasbourg, les Rousses, le Pont-de-Beauvoisin, Marseille, le Havre, Bayonne, Bastia.

Les bureaux ouverts en Belgique à l'importation des livres sont : Bruxelles, Quiévrain, Verviers, Anvers, Liége, Mons, Gand, Tournay, Ostende, Westwezel, Mouscron.

ÉTAT DU DROIT INTERNATIONAL

DES AUTEURS ET DES ARTISTES FRANÇAIS

au 12 mai 1854.

Autriche. — La législation de l'empire d'Autriche admet le principe de réciprocité pour les œuvres littéraires, musicales et artistiques.

Bade (grand-duché). — Une convention du 3 avril 1854 reconnaît aux auteurs et artistes français le droit de propriété des œuvres d'esprit et d'art.

Bavière. — La législation du royaume de Bavière sanctionne le principe de réciprocité pour les produits de la littérature et des arts.

Belgique. — Une convention du 22 août 1852 et un article additionnel du 27 février 1854 reconnaissent aux auteurs et artistes français le droit de propriété des œuvres d'esprit et d'art.

Brunswick (duché). — D'après la législation du duché de Brunswick, le principe de réciprocité est admis pour les œuvres littéraires, musicales et artistiques. Une convention du 8 août 1852 en règle l'application.

Danemark. — La législation du royaume de Danemark admet le principe de réciprocité pour les œuvres littéraires.

Espagne. — Une convention du 15 novembre 1853 reconnaît aux auteurs et artistes français la propriété des œuvres d'esprit et d'art.

Grande-Bretagne et Irlande. — Une convention du 3 novembre 1851 reconnaît aux auteurs français d'œuvres de littérature et d'art le droit de propriété, mais seulement pour les publications faites postérieurement à janvier 1852.

Grèce. — La législation de la Grèce admet le principe de réciprocité pour les œuvres littéraires et artistiques.

Hanovre. — Une convention du 20 octobre 1851 reconnait aux auteurs et artistes français le droit de propriété des ouvrages d'esprit et d'art.

Hesse-Cassel (électorat). — Une convention du 7 mai 1853 reconnait aux auteurs et artistes français la propriété des œuvres d'esprit et d'art.

Hesse-Darmstadt (grand-duché). — La législation du grand-duché de Hesse admet le principe de réciprocité pour les œuvres littéraires et musicales. Une convention du 18 septembre 1852 en règle l'application.

Hesse-Hombourg (landgraviat). — Une convention du 2 octobre 1852 reconnait aux auteurs et compositeurs français la propriété de leurs œuvres littéraires et musicales.

Nassau (duché). — Une convention du 2 mars 1853 reconnaît aux auteurs et compositeurs français la propriété de leurs œuvres littéraires et musicales.

Oldenbourg (grand-duché). — Une convention du 1er juillet 1853 reconnait aux auteurs et artistes français la propriété des œuvres d'esprit et d'art.

Pays-Bas. — Un traité de commerce du 25 juillet 1840 porte que la propriété littéraire sera réciproquement garantie. La réalisation de cet engagement n'a pas encore eu lieu.

Portugal. — Une convention du 12 avril 1851 et une loi postérieure reconnaissent le droit de propriété des ouvrages d'esprit et d'art et admettent le principe de réciprocité.

Prusse. — La législation prussienne admet le principe de réciprocité pour les œuvres littéraires et artistiques.

Reuss, branche aînée (principauté). — Une convention du 24 février 1853 reconnait aux auteurs et compositeurs français la propriété de leurs œuvres littéraires et musicales.

Reuss, branche cadette (principauté). — Une convention du 30 mars 1853 reconnaît aux auteurs et compositeurs français la propriété de leurs œuvres littéraires et musicales.

Sardaigne. — Trois conventions, des 28 août 1843, 22 avril 1846 et 5 novembre 1850, reconnaissent aux auteurs et artistes français la propriété des ouvrages d'esprit et d'art.

Saxe (royaume). — La législation du royaume de Saxe admet le principe de réciprocité pour les œuvres littéraires et artistiques.

Saxe-Altenbourg (duché). — Le principe de réciprocité est admis par la loi du duché de Saxe-Altenbourg pour les ouvrages d'esprit.

Saxe-Weimar (grand-duché). — La législation du grand-duché de Saxe-Weimar admet le principe de réciprocité pour les ouvrages d'esprit. Une convention du 17 mai 1853 consacre l'application de ce principe pour les œuvres d'esprit et d'art.

Schwarzbourg-Rudolstadt (principauté). — Une convention du 16 décembre 1853 reconnaît aux auteurs et artistes français la propriété des œuvres d'esprit et d'art.

Schwarzbourg-Sondershausen (principauté). — Une convention du 7 décembre 1853 reconnaît aux auteurs et artistes français la propriété des œuvres d'esprit et d'art.

Suède et Norwége. — Le droit de réciprocité pour les œuvres littéraires est admis par la constitution et la législation des États de Suède et de Norwége.

Toscane (grand-duché). — Un traité de commerce du 15 février 1853 interdit réciproquement la fabrication des contrefaçons et réimpressions des œuvres artistiques et littéraires.

Waldeck (principauté). — Une convention du 4 février 1854 reconnaît la propriété des œuvres littéraires et musicales en faveur des auteurs et compositeurs français.

TABLE GÉNÉRALE DES MATIÈRES.

LÉGISLATION FRANÇAISE.

LÉGISLATION BELGE.

CONVENTION FRANCO-BELGE.

FIN.

www.ingramcontent.com/pod-product-compliance
Lightning Source LLC
LaVergne TN
LVHW020037170826
845678LV00001B/292

9782329696980